YI KING

YI KING

El oráculo de los deportistas

Manuel Arduino Pavón

| BIBLIOTECA DE LA TRADICIÓN HERMÉTICA |

DELFOS

Yi King
El oráculo de los deportistas
MANUEL ARDUINO PAVÓN

Diseño de cubiertas y maquetación:
EЯA | ALTA RESOLUCIÓN EDITORIAL

EDITORIAL DELFOS
www.editorialdelfos.com

© 2024 Manuel Arduino Pavón
© 2024 Editorial Delfos

ENTREACACIAS, S.L.
[Sociedad editora]
c/Covadonga, 8
33002 Oviedo – Asturias (España)
info@editorialdelfos.com

1ª edición: julio, 2024

ISBN: 978-84-18373-87-9
Depósito Legal: AS 01686-2024

Impreso en España
Impreso por Podiprint

A MODO DE PRESENTACIÓN

El Yi King es un Tratado Magistral sobre el Orden y la Dinámica de la Vida y a la vez un libro sapiencial y oracular. Es fundamentalmente sapiencial en el corazón de sus sentencias de sabiduría (Imágenes, Juicios, Dictámenes, Comentarios a la Decisión) y es funcionalmente oracular en las Mutaciones, en cada una de las seis líneas y en sus permutaciones interiores, en los Comentarios a las líneas y en los Tratados posteriormente escritos para volver más asequible el cálculo adivinatorio, mediante auspicios, pronósticos y diagnósticos.

Entre estos Tratados escritos posteriormente, algunos de los cuales conocen versiones españolas, y que son primordialmente oraculares, divinatorios, podemos mencionar: Yi Shu King, Yi Lin, T'ai Hsüan King y Ling Chi King.

Si bien inspiradas en la lógica central del Libro de las Transformaciones, estos documentos suplementarios resuelven el problema de la azarosa interpretación del Yi King, dificultad casi insoslayable para los practicantes occidentales, y reserva a la gran obra antigua en una esfera convenientemente moral e inspiradora, esfera que le corresponde de forma notable.

También se trata de una obra de anticipación y advertencias, que registra y expone la dinámica que habrán de seguir los hechos, como efecto de la conducta y latitud ética de la vida de quien arroja las suertes. Enseña en principio que a causa de las acciones desplegadas en el pasado la urdimbre de contactos y situaciones que habrán de presentarse prontamente tiene carácter de inevitable y eventualmente ejemplarizante. Esto nos informa, en la medida que nos volvamos reflexivos y permanezcamos atentos, sobre la regencia de una Ley de Justicia y Ecuanimidad, para la cual ni un solo aliento de pensamiento pasa inadvertido.

Con este propósito guía al compareciente a la objetivación de la seria responsabilidad que se esconde por debajo de cada una de sus acciones en el tiempo, así como a la ventaja de adaptar la razón y la acción a las premisas modélicas que atraviesan sus iluminadas estancias.

Es útil indicar aquí que el camino original que luego dio vida al sistema predictivo, propositivo, nació en períodos inmemoriales y como prolongación de la Filosofía o Doctrina de los Cinco Elementos -agua, madera, fuego (magnetismo), tierra y metal–, por medio de la cual los augures, vates y visionarios arcaicos desarrollaban sus mediciones y demarcaciones, a efectos de diagnosticar y proponer acciones nobles y propicias para el consultante, comprendiendo la completa unidad del tiempo: los hechos pasados, presentes y futuros.

El Yi King implicó una promoción creativa de un arcano saber vernáculo que acaso entre los oficiantes consagrados al Taoísmo se conserva secretamente y de forma irrefutable, pero del todo alejado de la curiosidad adolescente y eventualmente malsana de cada uno de nosotros, los curiosos y muchas veces imprudentes investigadores del Oeste del mundo.

Fue especialmente en la tradición taoísta donde la contemplación de la naturaleza alcanzó su cenit. Seguramente algo semejante ocurrió entre los antiguos pobladores de las naciones africanas y americanas, y como prueba de ello sobreviven sus distintas cosmogonías planetarias, donde los elementos de la creación divina son representados por animales y objetos de uso, culto y labranza. De manera semejante en el antiguo Libro de los Cambios o de las Mutaciones, conocido como Yi Ching o Yi King, los sabios antepasados chinos encontraron la revelación de sus intuiciones más hondas sobre el Orden Supremo (el Tao) perfectamente ejemplificadas en pájaros, animales, objetos. Los arquetipos celestes o quantas espirituales (paquetes de luz y de conciencia que se despliegan en el mundo físico) están esparcidos por doquier. Para entender la superestructura del Libro, es decir las imágenes y los signos arquetípicos en los que se sostiene, es necesario observar con cuidado la naturaleza y nuestras relaciones, y especialmente la actividad mental paralela y correlativa a esa contemplación, de forma sistémica, si se desea comprender intuitivamente y a largo plazo la conexión cierta que está graficada en esas imágenes y signos del Libro.

El Libro de las Transformaciones se acomoda a todo tipo de puntos de mira; desde consideraciones y consejos para la búsqueda de la felicidad en el amor, en la familia y en las relaciones, hasta orientación para aprovechar las oportunidades comerciales y hacer buenos negocios.

Coincidamos en que aplicar el tratado de sabiduría apenas con motivaciones cortoplacistas no se corresponde a la vía pura: el documento es de orden iniciático en su axis y registra la aventura del alma encarnada a lo largo de la Rueda de los Acontecimientos y por medio de 64 landmarks o tempos, ilustrados por los hexagramas que estructuran de principio a fin. De cualquier forma y a la luz de la aplicabilidad implicada en cada consulta al Oráculo tradicional chino, efectuada con diligencia y austeridad, nos ocuparemos de presentar una interpretación particular del documento señero original.

En el presente texto nos daremos libertad de interpretar la clásica Rueda de la Vida china en relación con las actividades, los entrenamientos, la competencia y los quehaceres de los deportistas profesionales en general, a fin de proporcionar luz y orientación para cada episodio existencial y apuntalar a cada quien en sus empeños y desempeños atléticos.

Naturalmente el tópico no se puede abarcar en su totalidad en estas notaciones quizás apenas sumarias, por lo que proponemos al lector proseguir con su investigación más allá de los limites conceptuales de este libro para así ahondar, cuanto le sea posible, en esta Tradición De Sabiduría Práctica.

Es preciso enfatizar el hecho de que las respuestas posibles no se pueden agotar en este documento suplementario surgido del Libro de las Transformaciones o Mutaciones, aunque ciertamente y en muchas circunstancias sus glosas puedan ofrecer una advertencia, una señal y una recomendación plausible y útil, con la esperanza de que quien consulta el Oráculo medite por sí mismo en las interpretaciones y le de forma final a la suerte obtenida, siempre a partir de su íntima experiencia con el flujo natural de los hechos y a su capacidad de percepción y discernimiento.

EL DEPORTE, LA GUERRA Y LA PAZ
Y LAS CULTURAS ESPIRITUALES

Desde las Olimpíadas en la Hécate, a la formulación inicial de las disciplinas defensivas conocidas como «artes marciales» en el Lejano Oriente, luego desarrolladas con refinamiento y exquisita religiosidad, la actividad atlética y deportiva ha conocido su inspiración así en la guerra como en la paz; entre los gimnosofistas indostánicos, americanos y griegos con disciplinas físico psíquicas que abundan en las posturas inspiradas en el Orden Supremo y en sus modalidades de expresión.

Todos estos antecedentes, presentes por igual en los cinco continentes, se aglutinan en nuestra época en los deportes recreativos y de competición, una actividad singularmente inspirada desde las esferas ideales por la Jerarquía Planetaria, a fin de que el ser humano perfeccionara su higiene y cuidados personales y se ejercitara física y dinámicamente de una forma saludable y plausible.

En nuestra época el deporte profesional lo ha invadido todo y su éxito y consumo virtual ha empalidecido en gran medida el objetivo inaugural, siempre en línea con la adquisición de la armonía terrestre/celeste, desplegada preciosamente en el Oráculo Tradicional Chino, que, entre otras cosas sirviera de base para la ejercitación de algunas disciplinas físicas y psíquicas que en las últimas décadas han conquistado ampliamente la permeable cultura occidental.

Indagar sobre lo que pueden decirnos los hexagramas de la Cábala China al respecto, es una tarea alternativa, no necesariamente indicada como noble y virtuosa por la visión clásica y reglar, aunque en los hechos siempre abierta a la investigación destinada a ampliar la base de sustentación de los más variados proyectos existenciales, en este caso de quienes practican alguna actividad atlética o deportiva. De allí que ahora nos atrevamos con esta materia tan fértil y de tan amplio dominio público, confiados en que pueda resultar de utilidad cada consulta realizada al Oráculo con seriedad y concentración: la misma seriedad y concentración que demandan los ejercicios de entrenamiento y la alta competición.

EL TAO DE UNA CONSULTA

Cada pregunta equivale siempre a una auto-consulta, al bagaje de sabiduría viva que subyace en el interior, de forma que los bloqueos e incrustaciones psíquicas, los complejos y el desarreglo moral se reflejan grandemente en la vida del individuo aparejando mayor confusión y desorden y alejándolo de la correcta comprensión del libro sapiencial y de la existencia como un todo. En primer lugar debe disolverse toda sospecha moral de haber tocado un material de tipo prohibido o maléfico, una fruslería, un retruécano inútil, así como de estar tratando con un mero manual de adivinación profesional sin ningún rigor moral y espiritual. Ambas posiciones del pensamiento mágico: la no receptiva y la puramente receptiva, son indeseables.

El estudiante del Libro de los Cambios debe conocer antes de seguir adelante que con esto no se puede jugar. Precisamente, el manejo negligente del oráculo trae como resultado las respuestas inconexas y que no parecen tener relación circunstancial con la consulta. De modo que otra actitud a eliminar de nuestra relación con el oráculo es la recurrencia viciosa y dependiente del mismo. El oráculo rechaza la creación de un lazo de dependencia, transformando la relación entre el consultante y el Libro en algo fortuito y caprichoso. Debido a esta vitalidad moral del Libro, del egrégor espiritual del Libro, es que los adivinos chinos sintetizaron en libros de adivinación secular paralelos los hallazgos que hicieran en el propio Yi King.

De esta forma preservaron indemne el carácter sapiencial y de revelación de la obra y a través de herramientas particulares de adivinación evitaron sumergirse en los oscuros dominios de la mente escondida, sin puntos de apoyo y sustentación de los cuales extraer referencias e información en conformidad con las aparentes circunstancias del consultante. De modo general, aunque sin la pretensión de sentar autoridad alguna sobre la materia, no se estimula el uso del Libro para la adivinación profesional, sino el de los sucedáneos producidos a partir de él, como el Yi Shu King y otros que comienzan a ser traducidos y divulgados en Occidente.

El Libro tiene un inmenso valor como obra espejo de la mente escondida y hasta del self mismo del consultante, por lo cual la manipulación negligente hecha por individuos que no observen las prescripciones morales que consignan Confucio y los sabios del oráculo, puede resultar desastrosa y alejar al adivino y a su cliente del correcto camino.

Por otra parte, el sistema de códigos que sigue la tradición oracular china se sostiene en dos fundadores de filosofías religiosas fundamentales, el confucianismo y el taoísmo, de allí la necesaria observancia de un moderado rigor existencial como base de apoyo para éste como para cualquier otro estudio que nos permita superarnos y comprender más cabalmente nuestra propia vida y la vida del mundo. Cuando el estudiante o el erudito no prestan atención a las demandas internas de orden, proporcionalidad, ritmo y belleza en su vida, a las que continuamente apela su alma, se suelen obtener intelectuales presuntuosos o manipuladores profesionales ufanos de su pretendida versación en los resortes ocultos de las vidas de las personas. Precisamente, este aspecto de inmensa importancia, el aspecto ético y moral que subyace a toda la obra, debe ser situado en primer plano. No de otro modo la Sabiduría del Orden Supremo se infunde en la mente y el corazón del estudiante, fundamentalmente por el hecho de que éste se esté volviendo un practicante de la Sabiduría activamente y no un mero teórico. Esta tentación, la de llevar una doble vida con esta como con cualquier otra obra sapiencial o visión espiritual de la vida, resulta a la larga en un desastre existencial, en la decadencia moral más grande y en el auto-abandono o desviación completa y siniestra de la conducta. Saber que no se puede llegar más allá todavía, que no estamos dispuestos a ordenar completamente nuestras vidas con el Orden Espiritual, es esencial para detenerse a tiempo y evitar los desastres y desórdenes colaterales que toda manipulación egoísta y caprichosa de estas herramientas producen inevitablemente.

En términos generales, debido a estos desórdenes (confusión mental, ambiciones inadecuadas, negligencia o dependencia del oráculo), se puede sugerir que éste responde, al menos, de tres maneras. Cuando el consultante consulta sin meditar suficientemente la pregunta, la respuesta suele estar dirigida a otorgar un consejo o recomendación respecto a la condición moral y mental de nebulosa y vaguedad de la que debiera resurgir provisto de decisiones y acciones ennoblecedores, rectificando cabalmente su fuerte condición depresiva o de dependencia. Presenta una instantánea de la situación del consultante, sorprendiéndolo con la auto-revelación de las subterráneas corrientes de confusión y desorden que lo llevan de las narices por la vida.

Cuando el consultante está lleno de ambición por conocer o recibir una respuesta prefijada y realiza la consulta desde un nivel de deseos sublimado por una formulación verbal que encubre el afán irrefrenable de conseguir su objetivo, el oráculo suele darle la buena noticia de que es inminente su éxito. Esto no es más que lo que el propio yo psicológico se dice a sí mismo, auto-referencialmente, a través del oráculo, satisfaciendo las momentáneas necesidades emocionales a colmar. Es una especie de respuesta golosina, apta para mentes infantiles esclavas de sus deseos y caprichos, que satisface sólo coyunturalmente la necesidad y el deseo con una golosina, pero que no responde en el tiempo (en las circunstancias de la vida) sino en el espacio (en la condición ansiosa y demandante de la mente del consultante).

Cuando el consultante lleva una vida razonablemente ética y es serio en la consideración de las oportunidades en que debe consultar al oráculo, estando habilitado para definir una pregunta cabal en su mente, el oráculo le responde con autoridad y anticipa los eventos y circunstancias que se desplegarán en el tiempo, gracias a la gran espacialidad interior de quien consulta.

En todos los casos el oráculo vuelve patentes y manifiestas las configuraciones que se encuentran cargando la mente subconsciente. De este modo, cuando en la consulta, previo a la definición de la pregunta, no se libera la mente de compulsiones, vaciándola y dejándola receptiva, las propias compulsiones y fantasías de la mente subconsciente, el torrente de imágenes, deseos y proyecciones psicológicas, se hace manifiesto anegando el plano de la consulta, filtrando la luz que pueda provenir de la fuente del entendimiento interior, distorsionándola y afectándola. Uno de los eventos más corrientes en la autoconsulta realizada bajo estas condiciones de programación parasitaria subconsciente, es que el propio consultante colorea las respuestas con la maraña emocional y mental que lo domina, perdiéndose en un laberinto de dudas y confusión.

Esto nos lleva al tópico de una doctrina moral de la consulta. La misma surge de la experiencia directa de generaciones de investigadores, y aunque no suele ser consignada ni presentada formalmente por los mismos, el propio Carl Gustav Jung intuyó esta modulación viva del oráculo, ya que la identificó con la misma manifestación de la vida psíquica, pudiendo tener la superficialidad o la profundidad de cualquier individuo humano.

Pero además, por tratarse de un libro de sentencias y consejos morales con una estructura oracular, la condición moral de la vida del consultante constituye un factor esencial para la penetración y encuentro con el alma del Libro.

Yin Yang

Nos referimos al código binario que determina la Rueda de los Acontecimientos conforme al Tao, el Diseño Interior. La sabiduría china parte de una realidad inmutable y trascendente, el Sentido Último de todo cuanto existe, al que llama Tao. Este Tao, Dharma, Ley Viva esencial, penetra en todos los órdenes de la realidad manifestada, a partir de una polaridad básica a la que designa como Yin Yang: tinieblas-luz, negativo-positivo, el primer par de complementarios interdependientes que crea la Fuerza Original para desenvolver toda la sucesión de fenómenos y circunstancias que el sabio estudia, descifra y enumera a través de las operaciones mentales posteriores a la contemplación de la vida en manifestación.

En los textos más arcaicos se llama al Tao, el Sentido Primero y Último de la Vida, la Gran Tiniebla y la Gran Madre, lo que nos retrotrae al período que los antropólogos llaman de cultura matriarcal, previo al que desde hace cinco mil años (con la entrada en Kali Yuga) rige las relaciones y condiciona la visión de la actual humanidad, de cultura patriarcal y solar. Esa designación de Gran Tiniebla y Gran Madre está presente en los archivos de la tradición esotérica de la misma manera que en el Taoísmo. Lao Tse sugiere también esta connotación del Tao en su Tao te King. El Tao penetra hasta el último átomo de materia y se extiende hasta los confines del universo y de la consciencia, por lo cual se lo relaciona con las aguas primordiales de todas las tradiciones cosmogónicas, aguas o energía primordial que fluye inagotablemente alcanzando a impregnar toda la Creación.

En el Libro de los Cambios, los esoteristas chinos que encontraron la base numerológica de los hexagramas, clasifican con los números impares (del uno al nueve) a todos los aspectos Yang o celestes y con los números pares (del dos al diez) a todos los aspectos Yin, terrestres. Pero para crear la sucesión hexagramática partieron del número tres (3) en el que integran el cielo y la tierra (1 + 2) y que representa la tríada formativa del oráculo: cielo, tierra y hombre. Por un lado, de esta tríada original básica surge la necesidad de la configuración de los trigramas. Desde otra perspectiva este código binario parte del uno o punto, la expresión mínima del espacio. A los efectos de la graficación racional se extiende en forma de línea continua para expresar la polaridad positiva Yang, lo continuo y creativo, y en la forma de dos líneas separadas por un espacio en blanco. En esta línea abierta o Yin están presentes las tres fuerzas de forma separada en dos líneas y un espacio vacío, en tanto en la línea continua Yang están presentes las tres fuerzas en tanto unidad indisoluble o condición espiritual de la realidad. Por lo tanto, la línea continua es integradora y constructiva, y la línea discontinua es desintegradora y destructiva. Esto se halla perfectamente expresado en las nociones morales de «sí» y «no». En el «sí» está la Creación en condición de unidad y totalidad indiferenciada o espíritu.

En el «no» está la Creación en tanto separación y serie de fenómenos, propios de la naturaleza.

MÉTODOS DE CONSULTA

a) Varillas de milenrama, ramos de milhojas, troncos de artemisa o aquilea.

EL RITO DE PODER

Procedimiento tradicional. Se escogen 50 troncos de artemisa perfectamente redondeados. Se retira uno. Este es en sí mismo la unidad más allá de la cual tienen lugar las permutaciones de la Creación, es el Tai Chi. De modo que es el Testigo del Cielo ante el cual se ejecutan las manipulaciones de las varillas. Es además la imagen mágico-mítica del aspecto director y activador de la consulta, que proviene del espíritu residente en la Mente Arquetípica Universal. Esta varilla debe recibir un trato ritual, considerado y conceptuoso, pues representa lo que está más allá de lo creado y sin embargo lo que integra el haz completo de la creación.

Quedan entonces 49 varillas. 7 x 7: 49. La héptada perfecta (siete por siete) tiene el valor universal de constituirse el factor ordenador de la Creación. En Teosofía se habla de la naturaleza séptuple de todo cuanto existe, es el número de la Creación. De allí que la Creación en estado puro sea el 7 y la Creación condicionada el 7 x 7. El segundo siete es la sombra o la proyección de la primera héptada: el mundo reflejado, la Creación natural. En consecuencia, el encuentro entre el siete y su sombra resulta en las configuraciones arquetípicas de todo tiempo y espacio y de cada momento y situación, es decir, del momento y de la situación particular de quien formula la consulta. Obsérvese intuitivamente la correspondencia que existe entre esta visión china y el «perdonarás hasta 70 veces 7» del Nuevo Testamento. El perdón se concede en nombre del Padre del cielo, del Uno que crea la séptuple idea esencial, el orden básico universal. El adagio de Jesús representa el perdón eterno que el Padre concede en última instancia, es decir «perdonarás siempre, porque –por la acción de la Ley– la totalidad de las infracciones son perdonadas por el amor del Padre.

La Tradición habla de las múltiples operaciones con las varillas de artemisa. A saber, la partición del haz en dos montones y el apartamiento de una de las varillas, que además de lo expresado, como factor todopotente, debe ser aislada como tercer montón a fin de reproducir los tres poderes ordinales: cielo, tierra y hombre. De los dos montones que entran en el juego adivinatorio, se toma una varita del de la derecha y se la ubica entre los dedos anular y meñique de la mano izquierda. Se toma el montón de la izquierda con la mano izquierda y con la mano derecha se van apartando del mismo, montoncitos de a cuatro varitas. El saldo final del recuento, que puede ser cuatro o menos de cuatro varitas, se coloca entre los dedos anular y medio. A continuación se hace el mismo recuento de a cuatro varillas con el montón de la derecha y se coloca el saldo (cuatro o menos de cuatro varillas) entre los dedos medio e índice de la mano izquierda. Esto es una mutación. Por fin se tiene en la mano o bien cinco o bien nueve varitas.

Las posibilidades de varitas entre los dedos son, en el caso del valor numérico 5, las siguientes: 1+4+4, 1+3+3, 1+2+2 o 1+1+3. Este valor numérico 5 es más fácil de obtener que el valor 9. Durante el primer recuento de los 49 tallos, el primer tallo colocado entre el dedo meñique y el anular es supernumerario (el testigo interior de la manipulación oracular) y por lo tanto no se toma en cuenta, sino simbólicamente. Así que el valor numérico 9, corresponde al número 8, y el valor numérico 5, al número 4. El número 4 significa unidad simple y se le adscribe el valor numérico final 3, para hacer el definitivo cálculo que llevará a la conformación de una línea. El número 8 (obtenido de las 9 varillas) es una unidad doble (dos veces 4) y entra en el cálculo final con el valor numérico 2. De modo que si en el primer recuento queda un saldo de 9 tallos, estos valen 2. Si el saldo es 5, valen 3. Estos tallos ya considerados son puestos de lado.

Se vuelven a juntar los dos montones que quedan y se dividen de nuevo como se explicó antes. Se vuelve a tomar de la mitad de la derecha un tallo y se lo coloca entre el meñique y el anular de la mano izquierda y se procede enteramente como en el cálculo anterior de la primera mutación. La operación se repite por tercera vez y al final de las tres operaciones se obtiene la primer línea del hexagrama. Si en estas tres primeras operaciones se obtienen tres veces el valor numérico 3, da por resultado un Yang viejo (9), un trazo firme móvil, mutante. Si se obtienen tres veces el valor numérico 2, se configura un 6, un trazo Yin viejo, un trazo blando móvil, mutante. El valor numérico 7 corresponde al trazo Yang joven y el valor numérico 8 al Yin joven, ambas líneas fijas. La tradición confuciana sugiere que cuando las seis líneas son quietas o fijas, no mutantes, para el oráculo se toma en cuenta el signo en su totalidad. Aunque R. Wilhelm interpreta que esto conduce a ignorar las seis líneas, el sentido común indica que se las tome a todas, a la totalidad, en cuenta, de forma genérica y no particular, como travesía virtual que recorrerá mental o materialmente el consultante. Cuando aparecen líneas mutantes, al plano completo de respuesta adivinatoria de las seis líneas en sucesión lo debe reforzar la lectura y consideración de las líneas mutantes, por hallarse concentrado en ellas el énfasis que el oráculo quiere poner para el vaticinio. En el primer caso se sugiere que la consideración de las seis líneas fijas se haga en forma global, sintética, con prescindencia de los detalles de cada una de ellas, observándose aquel aspecto moral y circunstancial que subrayan las líneas y las imágenes y dictámenes del hexagrama. En el segundo caso, de líneas mutantes, ellas desean prevenir al consultante especialmente y con detalle sobre determinadas cuestiones implicadas en el signo. Cuando se obtienen líneas mutantes, por ser mutantes deben ser convertidas en las opuestas, es decir el 9 en 6, y el 6 en 9. El nuevo hexagrama así obtenido presenta el entero devenir, completa la historia del vaticinio, anunciando las circunstancias en que la actual situación del consultante rematará. No se deben leer las líneas del nuevo hexagrama, sino los comentarios y sentencias únicamente y establecer la conexión en espacio y tiempo con el hexagrama original. Modernamente existen versiones simplificadas de esta consulta apelando a varillas de diferente procedencia y material, que en la mayoría de los casos privilegian las piezas de madera redondeada, emblema filo-natural de la fuerza creadora y ascendente, la fuerza del cielo. En este sentido el juego tradicional del Mikado parece obtener su inspiración ancestral del rito mágico de la consulta con varillas de artemisa. El extraer las varitas del Mikado sin mover a las otras parece obedecer a la misma lógica práctica del oráculo, en el sentido de desarrollar plena atención y destreza para enfrentar situaciones peligrosas, disipando con la extracción de cada varita la compleja urdimbre que se ha configurado en la mesa y dejando el camino expedito para alcanzar la meta del completo vacío de toda forma residual material y psicológica, expresada en cada varita del juego. Se trata además de un juego de contexto de las tradiciones de la alerta consciente y pasiva, propia de la corriente Zen. Por otra parte, existen evidencias acerca de que la disposición caprichosa asumida en cada caso por las varitas del juego, al ser arrojadas sobre la mesa, perfectamente puede ser objeto de interpretación divinatoria, en el mismo sentido que las configuraciones de las velas fundidas en la velomancia o los rastros de borra de café en la cafeomancia.

b) Monedas

EL RITO PRÁCTICO O SECULAR

El método de consulta más extendido, y tal vez por ello el peor empleado, es el de las tres monedas. Las tres monedas se corresponden con los tres valores numéricos que debe obtenerse para graficar cada línea y con los tres arquetipos ideales fundamentales presentes en el oráculo: el cielo, la tierra y el hombre. En la consulta se le asigna a la cara o efigie de la moneda el valor 3. Probablemente la selección de la cara para graficar este valor se deba a que la efigie representa una imagen, y la tradición enseña que a través del encuentro con las imágenes objetivas se desencadena un proceso intuitivo que lleva a la revelación en la mente de los signos fundamentales, especialmente a los ocho trigramas, en los que se hallan representadas todas las imágenes naturales. Como el signo obtenido es en última instancia una bendición del cielo para los hombres, la imago simbólica así sintetizada tiene el valor del cielo, el 3. El número o el texto en la otra faz representa la actividad combinada del hombre y de la tierra, el uso racional que el hombre hace de lo que encuentra en el mundo, ya sea formulando operaciones de medida y cálculo a través de los números, como estableciendo los códigos de comunicación y lenguaje que le son inherentes a su condición de ser humano encarnado a través de la palabra. De allí que el valor a la faz con número o leyenda sea el 2, la tierra.

Se arrojan las tres monedas seis veces, anotándose los valores numéricos producidos cada vez, hasta completar las seis líneas.

La facilidad aparente de este método de consulta suele inducir al uso negligente y descuidado del mismo, desencadenando un proceso de respuesta-espejo que más adelante se estudiará, que muchas veces complace en la misma medida que desalienta al consultante, quien termina por considerar al oráculo una simple fruslería sin sentido práctico.

c) La consulta directa

EL RITO FUGAZ DEL PENSAMIENTO MÁGICO

Este método, muy común en todos los tiempos, sigue la lógica lateral del pensamiento mágico. Este o cualquier libro puede ser usado como elemento revelador del momento en que se encuentra progresado el consultante. El método puede ser empleado de dos maneras. Una es formulándole una pregunta al Libro y abriéndolo al azar. Por supuesto que la palabra azar no significa algo fortuito e inconexo. Detrás de esta operación entran en juego las amplias sincronicidades que se visualizan en las artes adivinatorias u ocultas como la relación entre la voluntad (intrapersonal) y el acto (interpersonal). El impulso a hacer la consulta constituye una evidencia del movimiento interno que ocurre en el consultante, movimiento que sólo puede ser llevado a su fin eficiente con la consulta misma. Este impulso interior en demanda de respuesta contiene la respuesta en sí mismo, y es a través de una mancia que la voluntad-deseo del consultante evoca de su fuero interno la respuesta que conscientemente no alcanza a percibir ni a definir en su mente.

Esta primera fórmula de empleo del método directo, la de plantearle un interrogante al Libro, adolece de la falta de actitud consistente y concentrada en la inmensa mayoría de los casos y la respuesta es siempre la patentización del estado momentáneo del consultante, más que una respuesta sobre el tema en cuestión. De modo que la segunda fórmula de consulta directa, dejando la mente en blanco y abriendo el Libro al azar, es en realidad más adecuada para este método. El Libro traduce el estado de ánimo, las posibilidades del tiempo presente para el consultante, la atmósfera emocional en la que se halla envuelto, precipita el estado del aura magnética del consultante en forma de pronóstico y auto-revelación.

Elementos en la configuración de los hexagramas

Líneas fijas y mutantes

En el estudio teórico de las dos líneas básicas y primarias de las que surgen las combinaciones y permutaciones que constituyen los trigramas y hexagramas, se puede decir con propiedad que la línea continua Yang representa la energía en estado libre, vinculada al poder creador, en tanto la línea partida o discontinua Yin representa la energía condicionada, filtrada por la incidencia de las leyes naturales y morales que rigen los dominios físicos de la manifestación.

Para el estudio global del Libro de los Cambios, ha de tomarse como referencia la secuencia de las líneas signos fundamentales. Así, las combinaciones posibles de las dos líneas básicas son cuatro. Por sí mismas y en abstracto cada una de las líneas básicas constituyen los impulsos de la Voluntad Divina para la Creación del Universo, las pulsaciones del núcleo pre-cósmico de la Vida Universal. En sí mismas constituyen cada una de ellas un quantum de energía todo-potente, un paquete que ha de desenvolverse más y más a medida que penetra todos los reinos invisibles y visibles de la naturaleza. Son los arquetipos celestes por excelencia, las ideas motoras nacidas en el Pensamiento Puro de la Mente Divina. Las cuatro combinaciones de las dos líneas básicas constituyen la primera diferenciación de los arquetipos celestes en fuerzas polares complementarias, las que todavía carecen de un pie de sustentación para volverse activas. Recién con la incorporación de una tercer línea a estas configuraciones esenciales (la línea del Hombre), reciben ese pie de sustentación y se habilita la influencia en los reinos manifestados de aquellos arquetipos celestes. De allí que la sucesión numérica de los hexagramas comienza por la posición del número 3 y no del 1, tal cual lo consignan los estudiosos de la Cábala Taoísta.

Las combinaciones de la tríada formativa, dan como resultado ocho trigramas. Las tríadas formativas constituyen el modelo subjetivo que se objetiva en las imágenes y elementos de la naturaleza y la mente. Las combinaciones de estas tríadas en 64 hexagramas representan los prototipos del Orden Superior manifestado, los arquetipos celestes desplegados en configuraciones dinámicas y mutables que tienen el poder de habilitar los cambios y producir las oportunidades para todos los seres. Son, en otro sentido, micro-mandalas o formulaciones geométricas abstractas en las que se apoya la actividad creadora de la Mente Divina para realizar sus permutaciones e imprimir su influencia indeleble en todo cuanto existe y ocurre.

En este contexto, en el marco de cada hexagrama, las líneas fijas y mutantes aluden especialmente al marco de orden psíquico y subjetivo donde ocurren los movimientos y la puesta en escena, el pasaje al primer plano de los impulsos creadores y propiciadores de la fuerza de la Creación. Así, en el contexto de un hexagrama, las líneas fijas (8 y 7) constituyen los aspectos recesivos o laterales que están presentes en determinado momento de la vida intrapersonal de un individuo en forma latente y que aún no han entrado en actividad produciendo la fuerza de la sincronicidad. En el mismo sentido, las líneas mutantes dentro de un hexagrama (9 y 6), constituyen los impulsos psíquico-subjetivos que han madurado en el momento del consultante y que coinciden con la demanda de la naturaleza, a la que se unen estableciendo circunstancias determinadas e insoslayables que se están cumpliendo en el tiempo de la consulta y que dejarán secuelas inevitables.

Las líneas fijas representan la duración en condición virtual, en abstracto, la totalidad de aspectos concurrentes en un hexagrama, así de orden subjetivo como objetivo, que permanecen en suspenso a la espera de ser evocados por la fuerza que impele el alma sobre la personalidad que ella monitorea. Pasan a primer plano, entran en la escena intrapersonal nítidamente, volviéndose cada vez más conscientes e influyentes cuando se traducen en acciones y situaciones determinadas que entran en concurso cuando ocurre el instante de sincronicidad mente-mundo: es decir, cuando se vuelven mutantes y representan el tiempo y los tiempos de facto, en suprema coincidencia.

El concepto «tiempo» se refiere al momento subjetivo del consultante y el concepto «los tiempos» a la situación espacial y cronológica del mundo, en un instante de suprema coincidencia entre el hombre y el mundo. Cada hombre es el mundo, el mundo es un hombre a escala planetaria y sideral y el hombre es un universo a escala humana e individual.

Desde otro punto de vista, en obediencia a la ley de permutabilidad inherente al fluir de la Rueda de la Vida, las líneas fijas fueron mutantes y las líneas mutantes deben ser convertidas en fijas. Obsérvese que en tanto toda línea fija proviene de una mutación de las fuerzas, ocurrida en los dominios imperceptibles de lo inconsciente, en el hexagrama obtenido las líneas mutantes deben ser transformadas consciente y voluntariamente en líneas fijas para la completa elucidación del oráculo. Esto significa, en forma aproximada, que las líneas fijas aluden a fuerzas y elementos subconscientes y recesivos en el instante de la consulta y las líneas mutantes a fuerzas y elementos dominantes que demandan atención para ser transformados en hechos conscientes al momento de la pregunta. De allí la importancia de observar una cabal Doctrina de la Consulta para la definición del interrogante al Libro de los Cambios.

En una pregunta meditada y perfectamente definida está contenida la respuesta. Como la definición es de carácter subjetivo, allí, en la hondura está la respuesta a la espera de que el consultante se sintonice con ella, la evoque y la eduzca en acciones condignas.

Todo surge de lo intrapersonal, se transforma en interpersonal y se sintetiza otra vez en lo intrapersonal. Esta es la dinámica de la vida psíquica y de los fenómenos que la naturaleza procesa. En esta concepción, la naturaleza, el mundo y el universo son la contraparte material del Alma del Mundo, la forma material que adopta el Inconsciente Colectivo, la Súper-Aura, Alaya, la energía de la Vida que da cohesión a todas las fuerzas ordenadas en cada planeta físico en forma de temperatura, humedad, densidad, magnetismo, luminosidad, psiquismo, vida de deseos y pensamientos y que Ella manifiesta en objetos y fenómenos, sentimientos, deseos y pensamientos hilvanados en la línea continua del tiempo, en el pasado-presente-futuro, como una realidad espacial y temporal única.

Las líneas interiores y los trigramas que conforman cada suerte y su valor adivinatorio

Los dos trigramas ordinales que construyen cada Kua, sumados a los que se elaboran relacionando la segunda, tercera y cuarta línea y, aparte, la tercera, la cuarta y la quinta, dan forma a los cuatro «triángulos de fuerza» de cuyo estudio se infieren todas las distintas y posibles variantes e interpretaciones, pasadas, presentes y futuras.

Estructural y fundamentalmente hablando, los dos trigramas ordinales, pueden ser examinados respecto al consultante y a su interrogación, desde abajo arriba.

Parejamente y para discernir el curso de la acción futura, los dos trigramas interiores antes referenciados insinúan el empuje de la Fuerza y la dirección que habrán de adoptar los acontecimientos.

Con este sencillo esbozo metodológico se puede identificar cada aspecto del nivel corporal, emocional y mental, individual y colectivamente hablando, con un cierto margen de certeza y a partir de ello edificar un pronóstico que avance, que rastree en el devenir de la consulta y del alma que comparece ante el Oráculo en busca de la miel del saber existencial. He aquí un sencillo instructivo para quienes procuren emplear el Oráculo como sistema de diagnóstico y pronóstico y lo ofrezcan a otras personas e instituciones.

Sin embargo estas indicaciones son apenas preliminares, puesto que de la natural secuencia binaria entre Los Hexagramas 1 y 2, en series duales hasta el 63 y 64, también resulta útil tomar en cuenta este encadenamiento de los opuestos complementarios, así en los hechos de quien consulta y sobre todo para afirmar el conocimiento del esquema binario de trabajo del que dispone el intérprete.

Desde el inicio de la existencia condicionada, delimitada en los dos primeros hexagramas, hasta el cierre del ciclo vital, señalado por los dos últimos de la Rueda de los Acontecimientos, amén del corazón, del campo luminoso, del sembradío compuesto por los sesenta restantes instrumentos sapienciales, la vida humana entera se encuentra perfectamente delineada en esa pieza maestra de la sabiduría de las edades.

Semejantes apuntes y observaciones no pretenden ser el sumun del conocimiento. Sí permiten acercar al estudiante a la comprensión general de un sistema vital y prodigiosamente plástico, capaz de evocar cada grado o nivel de la existencia colectiva e individual, en el mejor de los casos con un significativo grado de aproximación al arquetipo ideal traducido en el mundo de la acción y a las formaciones karmicas que están teniendo lugar, desplegándose momento a momento.

Sencillo procedimiento para hacer la consulta

Basta escoger tres monedas iguales, de la misma denominación, y arrojarlas seis veces hasta obtener –de abajo arriba– las seis líneas que conforman cada hexagrama (Kua), cada vez que uno opera como consultante.

A la cara de la moneda le daremos el valor 3 y a la seca o número el valor 2.

La siguiente es la tabla de valores, según sea la suerte que correspondió a cada uno de los volcados de las tres monedas:

Tres caras (3+3+3): Yang maduro, línea continua y mutante.

Tres secas (2+2+2) Ying maduro, línea partida y mutante

Dos caras y una seca (3+3+2) Ying joven, línea partida y fija.

Dos secas y una cara (2+2´3) Yang joven, línea continua y fija.

Registrando por escrito en un cuaderno o papel el resultado de la consulta, obtendremos un hexagrama (Kua), o dos, en el caso de haber salido una o más líneas mutantes.

Las líneas mutantes se convierten –dentro de un hexagrama complementario– en su opuesta (Yang maduro en Ying Maduro y viceversa).

A los efectos de completar el vaticinio obtenido con el primer o único hexagrama, habremos de leer la Interpretación únicamente.

Si hubieran salido líneas mutantes, también procederemos a leerlas, ya que ellas nos indican la dinámica concreta de los hechos.

Y en último término, habremos de convertir el primer hexagrama en un segundo hexagrama, siempre que hayamos obtenido líneas mutantes y hagamos la conversión, resultando ese nuevo hexagrama.

Este segundo hexagrama alude las tendencias o dirección resolutiva que habrán de tomar los acontecimientos en el curso del tiempo.

Se recomienda una lectura previa a las consultas, cuanto menos una lectura panorámica de la obra, a fin de impregnarse suficientemente del espíritu oracular y de la lógica de las secuencias expresadas por los 64 momentos que recorre el río de la Vida, la Historia y nuestra historia personal.

HEXAGRAMAS

I
CH'IEN
LO CREATIVO

――――――――
――――――――
――――――――
――――――――
――――――――
――――――――

El Kua

Nos hallamos frente el Kua de la creación, a esta altura un poder todavía incipiente, que con toda seguridad se habrá de manifestar en algún departamento de nuestra vida atlética, positivamente como una iniciativa o emprendimiento nuevo, un torneo, una propuesta llena de interés y potencial.

Indica un acto vital tipificado por un nuevo poder y fuerte inspiración. Ha de tomarse en cuenta que esta suerte remite al comienzo de un tiempo en que la iniciativa y hasta el reconocimiento a distancia están en auge. Ha de tenerse en cuenta que el potencial creador debe madurar, progresar, seguir su propio curso, fluir con la vida y con las estrategias de acción de cada alma. Esto ha de enfatizarse, ya que no necesariamente los éxitos en la actividad se darán bruscamente; puede que nos encontremos en el comienzo de un proceso de ampliación de las miras y los caminos del consultante. Tal vez un cambio en la orientación de su actividad deportiva y el potencial encuentro con individuos cuyas habilidades y experiencias de campo le inspiran y tarde o temprano habrán de potenciarlo.

Las renovaciones y los afanes de experimentación son altamente recomendados, ya que bajo esta configuración el Kua augura buenos resultados en el curso del tiempo, tal vez excelentes logros.

Todo cuanto evoque el «motor» solar, el poder creador, no ecuánimemente calificable de «masculino», pero sí de activo y positivo, se encuentra potenciado, efectivamente estimulado. Ciertas ejercitaciones nuevas, inventivas, proporcionarán francas oportunidades de despliegue y la posible gestación de planes y emprendimientos competitivos singulares, todo lo cual se afirma específicamente en la dinámica del Kua. El sendero del centro, la acción recta y meridiana, la ponderación cuando se trata de exponer o evaluar el propio desempeño, acabarán en profundos beneficios con vistas al porvenir de cada uno de los nuevos pasos a dar, y en especial para fortalecer los potenciales asociados que este Kua puede acercar a su vida.

Debido a que la matriz proactiva está en una fase incipiente, urge el desplegar una recurrencia y un ritmo vital en los entrenamientos que procuren la materialización de las más diversas capacidades -en el ritmo respiratorio y cardíaco, por ejemplo— y llevar esto a cabo respaldándose en el renglón más virtuoso que seamos capaces de manifestar, propio de nuestro ser más íntimo: un luminoso y equilibrado actor central al que en última instancia invoca este hexagrama como poder emergente y dinamizador.

Las líneas

Línea de base: Muévase con calma. Espere la justa oportunidad. Logrará lo que anhela. La calidad de la energía que le imponga a sus movimientos debe sujetarse a la moderación y al balance emocional y mental. Considere estos requisitos como parte del poder creador. Medite en ello.

Línea 2: Hay buenos aspectos. Necesita de un idóneo en su esfera de trabajo. Aplique inmediatamente todo lo que aprenda y cada una de las sugestiones que reciba. La magnitud de luz personal no basta si no es apuntalada por un método y una disciplina habitual. Llegó el momento de prosperar tal cual prosperan los individuos aplicados y metódicos.

Línea 3: Cambiante. Prepárese para imprevistos, transformaciones y retos en general impensados. Armonice su existencia y su pensamiento y prepárese adecuadamente para lo que vendrá. Este momento exige una gran constancia. Obre respetablemente y conocerá el suceso: una respuesta insoslayable ante la diligencia en el comportamiento. Estudie las asignaturas vitales que se suelen subestimar a fin de comprender y unificar su existencia. Tratándose de un período descentrado, de dualidad, un momento de cambio, de su voluntad depende el madurar y echar raíces firmes en el escenario mundial donde compite, por medio de una mente despierta.

Línea 4: Razone en torno a sus planes. Está ante un cruce de caminos. Urge tomar una decisión, ahora que se encuentra en las preliminares de un período de cosecha: suceso material o vuelo espiritual. Sin importar cuál sea la decisión, asuma que puede conseguir y con seguridad un expresivo caudal exitoso. Tenga presente que el Oráculo muestras pautas generales de este ciclo y que presumiblemente las cosas sucedan en el próximo semestre, quizás en ciclos trimestrales o semestrales a partir del momento de la consulta. No se intimide ante pasajeras frustraciones y condicionamientos con paciencia, constancia e inventiva.

Línea 5: Se acerca a la cima. Prepárese. Medite respecto a las consecuencias de tal situación promisoria. Para muchas personas estamos ante un ciclo irreprimible, aunque no fácil de atravesar con ecuanimidad y ausencia de orgullo. Tenga presente que la vida continúa. No trate de exprimir el éxito o lo transformará en frustración. Estando alerta evite la duda y la deliberación excesiva, que se apague en su corazón el fuego reparador, el fuego del alma luminosa.

Línea superior: Evite la vanidad. Puede que haya ido demasiado lejos con un cierto exhibicionismo físico o ante la prensa especializada. Entienda que los cambios ocasionalmente pasan por el infortunio, camino a la perfección.

II
K'UN
LO RECEPTIVO

——— ———
——— ———
——— ———
——— ———
——— ———
——— ———

El Kua

Es conveniente mostrarse abierto y receptivo. Esta recomendación no tiene que ver con renunciar a nuestra disciplina deportiva ni a las observancias regulares, ni siquiera a nuestras inclinaciones naturales. Planteado de forma pragmática, en todo caso impulsa a aceptar e incorporar elementos propios de las corrientes vitalistas y afines a las doctrinas de la energía de vida y a la administración del tiempo.

En este momento posiblemente se no demande una marcada docilidad, armonización con la naturaleza y sus ritmos y abnegación. Por cierto deberíamos aplazar de momento la puesta en marcha de acciones aventuradas, audaces o no convencionales y afirmarnos en nuestro propio rumbo diario, en nuestra atesorada sabiduría práctica, en la esencia de nuestro adiestramiento con la energía de la vida y los ritmos naturales y circadianos.

Nuestra particular posición respecto al conocimiento experimental de lo clásico, fundamentalmente vinculada con los valores universales, nutricios y matriarcales, que nos sostienen desde hace tanto tiempo, se ve propiciada en este ciclo de gran naturalidad y poderosa influencia femenina, eventualmente juvenil.

No es un período favorable para planes y empujes excesivamente individuales. Debemos asumir que la vitalidad de las circunstancias nos convoca a obrar con docilidad y a participar de torneos comunitarios, actividades en equipo, en conjunción con colegas y amigos confiables; trabajo del cual seguramente recibiremos muchos más estímulos y satisfacciones tangibles que de cualquiera otra forma de función personal desarrollada en solitario. En el mismo sentido, está plenamente auspiciada la sociabilización y la asociación con personas a las cuales tomar en cuenta y de quienes recibir inspiración y guía, orientación en el curso de los tiempos que ahora llegaron a nosotros.

De cualquier forma y en la medida que nos armonicemos con el carácter, con el tipo prominentemente vital y dócil de los presentes eventos, así grupales como personales, este hexagrama pronostica abundantes oportunidades de éxito y reconocimiento, en especial familiar y afectivo, profesional, e incluso mucho más allá.

Las líneas

Línea de base: Recato. Moverse con suma precaución. Solicitar consejos.

Línea 2: Veraz y sincero en nuestros propósitos. No desdeñar luz de otras personas y corrientes de pensamiento. Feliz augurio.

Línea 3: Modestia y responsabilidad. Actividad centrada y ecuánime: poderosas realizaciones, más allá de su experiencia y trayectoria.

Línea 4: Éxito próximo. Redoble sencillez y modestia. No se muestre rebelde. Labore con dedicación y sensibilidad.

Línea 5: Mantenga la moderación y la humildad incluso si llega el éxito. Asuma todas las demandas de los demás solícitamente. Esta conducta le acerca a la prosperidad y al buen nombre.

Línea superior: Peligro. Evite ensoberbecerse y manejar autoritariamente lazos sociales, familiares y afectivos. Solicite la consejería de las personas más experimentadas y nobles.

III
CHUN
DIFICULTAD AL COMIENZO

El Kua

Ya sea que se encuentre en el comienzo de algo o procurando visualizarlo en su mente como un nuevo plan de acción, cualquiera sea el caso puede experimentar desasosiego y frustración, una esporádica pérdida de confianza, por causa de las condiciones de estos momentos; la mayor limitación ocurre con el empuje inicial, preparatorio, de alguna actividad, lo cual demanda urgencia por potenciar, esmerarse en el entrenamiento y el estudio.

Uno debe tener en cuenta que la Suprema Concienciación ha de integrar vitalmente nuestra existencia, ya individual como colectivamente hablando. Siempre los medios adecuados y nobles nos conducen con el tiempo a la realización de los objetivos más amplios.

Usted debe detenerse a meditar sobre la afirmación: «son lo mismo los medios y los fines». Si anhela alcanzar resultados más o menos permanentes ha de reflexionar sobre lo que es siempre saludable y genuino. Tenga en cuenta que los objetivos más fáciles son generalmente los más perturbadores para la vida del alma.

En momentos como este resulta una premisa esencial el reforzar nuestras virtudes resaltables y desplegar modalidades de conducta condignas que la mayor parte del tiempo suelen pasar desapercibidas para las personas humanas en el mundo.

Todos los aspectos han de ser conscientemente examinados, conocidos, descifrados en el mejor de los casos. Pruebe aplicando una aproximación que implique entrenamiento en equipo. Diseñe y componga con imaginación y naturalidad, testeando sus cualidades y sus credenciales humanas y profesionales. No surgirá motivo de arrepentimiento.

Cuando las circunstancias exhiben dificultades al comienzo del plan de acción o directamente de la actividad, una mayor factibilidad de concreción afirmativa puede verse oportunamente postergada a la espera del tiempo propicio y fecundo. Si la situación se exhibiera como sencilla al inicio de la marcha, la duración y la intensidad especialmente gratificante de la misma se acortarían o se alejarían proporcionalmente.

Si las dificultades le resultan un estímulo, considérese dichoso. Si no logra sintonizarlas como estímulos para el perfeccionamiento y la puesta a punto, aplique su visión para diseñar con concisión y darle vida a cada una de sus ideas, pero de una forma fresca, renovadora y propositiva.

Las líneas

Línea de base: Bloqueos en el principio del movimiento (competencia o ejercitación). Mejore su desempeño. Solicite auxilio de gente aparentemente distanciada de su plan.

Línea 2: Aunque el proyecto amenace con derrumbarse, los impedimentos son coyunturales. Factible sociedad futura con alguien influyente de quien usted desconfía en este momento.

Línea 3: No se impaciente. Busque asociaciones, revea su proyecto y solicite la asistencia de alguien competente. Con un apoyo semejante el éxito estará más cerca.

Línea 4. Nuevos impedimentos. Avance. No desdeñe asociarse a alguien proactivo. Obre con presteza y conocerá la buena fortuna.

Línea 5. Quizás alcanzó un cierto éxito, el problema es que no aplica su mejor energía en expandir los réditos de su esfuerzo. Un paso más lo llevará al triunfo, excepto si su ambición se desborda.

Línea 6. Dificultades creciendo. Pena, contrición. Trascienda sus aflicciones aplicando lo aprendido en su foja de vida. Con el tiempo tendrá otras oportunidades.

IV
MENG
LA INEXPERIENCIA JUVENIL

El Kua

Nos encontramos proclives a conducirnos precipitada e infantilmente. Presumiblemente en el momento de abordar acuerdos o encuentros con individuos conocidos o desconocidos, exhibiremos malestar, agresividad y afectación. Puede que no nos informemos sobre la hechura del torneo o situación a abordar, actuando con triunfalismo y frivolidad; no observamos aspectos indispensables, elementos de tipo procedimental, ya que nada de eso nos parece de importancia vital. Queremos actuar con la mayor discrecionalidad, no precisamente con arreglo a métodos o protocolos, más bien compelidos por algo así como la efervescencia del adolescente, una conducta liviana e irreflexiva producida por un intelecto voraz e insatisfecho.

Estamos condenados a repetir errores, las mismas equivocaciones y excesos ya personales como profesionales. Es el momento de mensurar maduramente el carácter de nuestros actos, la fuerza y el norte que están siguiendo en todos los campos. No resulta adulto improvisar ni desafiar a la temible bancarrota, a alimentar cualquier tipo de frustración generada por los caprichos de un músculo del corazón irascible y destemplado.

De todos modos, en el diseño del hexagrama surgen razones valiosas para considerar que por nuestro esfuerzo y reflexivamente, de ser necesario deteniéndonos antes de seguir empujando y desordenando las cosas, hay elementos morales y prácticos, que nos deberían proteger de todo tipo de mudanzas y agitaciones respecto a los objetivos y proyectos acariciados. Por sobre todo está indicada una profunda ponderación, el atenuar los raptos pasionales e ímpetus auto-centrados, concentrándose en la aventura pendiente con firme propósito y una mejor predisposición. La actual disipación de fuerza, de energía, tiene que ver con la esfera emocional, con aflicciones tales como la frustración ante los magros logros o desconfianza respecto a aquellos con quienes interactuamos regularmente. Con valor y determinación estamos en condiciones de refrenar tamaño empuje vertiginoso y asimismo adaptarnos a las normas de conducta consagradas por el uso social.

Desde otra perspectiva, deberíamos valorar que este es el tiempo adecuado de aprender, para madurar en los grandes temas de la vida de relación y así descubrir aquellos secretos del mundo más útiles para abrazar la armonía subyacente en la naturaleza y en la conciencia, individual y colectivamente hablando.

Las líneas

Línea de base: Dejarse enseñar y prestarles atención a quienes saben es una de las llaves del éxito. Con regularidad y afectuoso respeto por aquellos que son nuestras lámparas, hay mayores posibilidades de realización.

Línea 2: Emplee ternura y especial atención sobre sus camaradas y familiares. Aprenda de la inteligencia del corazón.

Línea 3: No entregue sus valores ni emplee la lisonja o la manipulación. Comenzar cerca y cuidando cada detalle para progresar. Actuando de esa forma obtendrá las mejores respuestas de los demás.

Línea 4: Con modestia y ponderación su conducta resultará para nada grandilocuente. Si no aplica estas reglas doradas, será humillado.

Línea 5: Por fortuna su modestia y contracción al ejercicio y la disciplina recibirán justa aprobación. Por este camino alcanzará logros duraderos.

Línea superior: Puede que se vea humillado, que sea enjuiciado y censurado. Deja atrás su indiferencia y «aprenda» de la inexperiencia.

V
HSÚ
LA ESPERA

El Kua

Un individuo de valor en todo tiempo discurre creativamente en armonía con las fuerzas de la vida, las nuevas luces y experiencias, todo cuanto le deja una marca indeleble en la mente y en el corazón. En tal sentido y por regla general, el individuo precavido no baja la guardia, permanece alerta a las señales interiores, dispuesto a actuar cuando sea preciso.

Ha de contemplarse que este tiempo transitivo no es aquel signado por la conveniencia de lanzarse a la aventura. En este caso una cuestión algo ríspida y de volumen podría ponerse de manifiesto, siempre y cuando el consultante no actúe con extrema prudencia, evitando el confrontar personas e instituciones deportivas que podrían exhibir animosidad y oponerse frontalmente a su desempeño. Semejante alerta ha de ser respetada, de lo contrario podría verse implicado en un gran desorden y en agotadores malentendidos.

Con precisión, esta época de transición y protección de lo atesorado también habrá de pasar. El mejor uso de las situaciones hostiles es el propio cultivo, examen y práctica de artes gimnásticas inspiradas, particularmente las que hasta el presente usted no atendió con interés. Acaso apelar a esas fuentes inspiradoras le servirá con el tiempo de instrumento ventajoso si ha de emprender nuevos caminos competitivos en la vida.

El actual cuadro de dificultad con el tiempo dará lugar a condiciones mejores, nuevas y buenas oportunidades para relacionarse y eventualmente trabajar sobre planes condignos pertenecientes a su esfera de intereses presentes y futuros. Procede atender la inclinación, el sesgo temporal de los acontecimientos, permaneciendo callado y expectante, morigerando los ímpetus tan típicos de los seres henchidos de pasión que acostumbran a devolver con énfasis los «golpes bajos» de las circunstancias.

La mala o buena fortuna siempre se asocia a las conductas, pensamientos y palabras recurrentes. Tal es el conocimiento necesario para aventar de nuestra existencia virtuales nuevos ciclos de dificultad como el que ahora le llena de dudas y de sospechas; en el peor caso para asumirlos y aceptarlos con dignidad y sabiduría.

Las líneas

Línea de base: Está firme y cuenta con respaldos. Si bien el riesgo no está a tiro, debe refrenar sus impulsos y evitar movilizarse.

Línea 2: Adversidad próxima que lo encuentra bien predispuesto. Aguarde. No se descarta maledicencia en su contra, murmuraciones que le lastimarán.

Línea 3: Obró sin prudencia, sin aguardar el momento adecuado. Se encuentra demasiado expuesto. Es hora de replegarse, enmendar y enmendarse para acondicionarse antes de que lleguen los cambios.

Línea 4: Riesgos cercanos. Nadie está cerca para asistirlo. La crisis puede volverse muy desgastante a menos que se ponga a resguardo. Disciplina y modestia, por sobre todo.

Línea 5: Es fuerte y cuenta con una posición gravitante. Evite que la amenaza lo paralice. Obre con ecuanimidad y rigor y tendrá buena fortuna.

Línea superior: El ciclo concluyó. La amenaza ya está sobre usted. Aunque todo indique que no hay razones para esperanzarse, le llega un golpe imprevisto de buena fortuna, un auxilio de alguien a quien usted incluso desdeñó.

VI
SUNG
EL CONFLICTO

────────────────
────────────────
────────────────
────── ──────
────────────────
────── ──────

El Kua

Todo indica que ya se encuentra inmerso o se encamina a un enredo de proporciones, a un conflicto y una polémica que promete afectarle vital y emocionalmente, pudiendo quebrar su templanza y exponerlo a incidentes y situaciones complicadas.

En tales circunstancias es posible que una cara de este conflicto tenga que ver con la forma en que usted enfrenta sus compromisos. Tal vez sienta enojo y malestar moral ante cada evento. Puede que se haya extralimitado con su energía vital, o que se haya ensoberbecido con su real o pretendida competencia sobre unos cuantos aspectos del deporte.

Quizás la discusión en proceso sea con la autoridad, institucional o civil, debido a la suficiencia que ostenta o la dispar visión respecto a las situaciones creadas a diario.

En ningún caso se recomienda alargar la discusión y el desacuerdo. Opuestamente la vida le urge que se reconcilie consigo mismo y con todos los contradictores más o menos influyentes a su alrededor. Evite demorarse inútil e insensatamente en la resolución del conflicto. No deje pasar el tiempo.

Una actitud resolutiva y pacificadora le reportará apreciables beneficios. En cualquier oportunidad, al tratar de reconciliarse y hacer las paces el comienzo de este movimiento suele mostrarse áspero o dificultoso. Sin lugar a ninguna duda una ubicua y reflexionada actitud de acercamiento es lo recomendable ahora, más allá de empeños arrebatados surgidos de diversos sentimientos también hostiles, reprimidos e inadecuados.

Evite canalizar la furia represada en su interior a través de la disputa o la pelea.

La recta acción y el empeño por transformarse y superarse es el mayor estímulo para lanzarse a la busca de reparaciones, concertaciones así protocolares como ideológicas; en absoluto la fruición por contrastarse duramente y derribar a los eventuales antagonistas.

Obsérvese a usted mismo. Descubra sus emociones conflictivas y haga su trabajo sobre ellas, razonando, imaginando cuadros de concordancia y acercamiento en su corazón; meditando hondamente respecto a la inutilidad de una lucha o de un conflicto prolongado y extenuante.

Si usted se identifica con su imagen, con su propia imagen mental, y queda cautivo de ella, terminará por enajenarse emocional y vitalmente. El único principio moral imperecedero es la sabiduría de la vida, la más plena armonía en pensamiento, palabra y acción.

Las líneas

Línea de base: La fuerza contra la cual pelea es vigorosa. No dilate la lucha. Resuélvala. Desdeñe los comentarios hostiles. Si persevera triunfará.

Línea 2: Aunque cuenta con valor y templanza, su opositor es todavía más fuerte. Retírese de escena: no compita. Nada más los arrogantes luchan contra una fuerza irreductible. Aléjese de la pelea rápidamente.

Línea 3: Preste atención a los retos, separaciones o pérdidas. Alguien puede emplear sus bienes y su saber en beneficio propio. Si está ocupado en una fajina deportiva contratada, conclúyala por su sentido del honor, pero no espere reconocimientos ni gratificaciones.

Línea 4: No discuta, reconozca sus propias pequeñeces y dé un paso atrás. Finalmente, esta decisión le honrará.

Línea 5: Puede que su adversario se muestre cooperador, de cualquier forma eso no basta para eliminar el conflicto. Es posible que se convoque la intervención de un juez o de una persona neutral y justa. Esto le beneficiará. Llegue a un acuerdo ofreciendo concesiones. No lo dude.

Línea superior: Llevó la disputa demasiado lejos. Aunque todo le sugiera que en principio usted triunfó, la causa del incordio continuará activa. Pruebe acordando en términos amistosos, ni vencidos ni vencedores. Un pacto o documento escrito le dará mayor libertad, relax interior e independencia externa.

VII
SHIH
APOYO DE LAS GRANDES FUERZAS

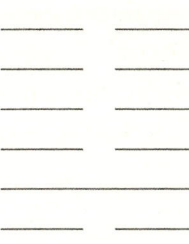

El Kua

Se acerca un período en el que habrá de ligarse a otras personas, promotores competentes y auxiliares dispuestos a honrar sus decisiones.

Está a las puertas de un ciclo muy fructífero, el recomendable para intervenir activamente en ocupaciones asociativas y grupales, intercambiar con sus vínculos profesionales en el terreno de la concepción y desenvolvimiento de aquello planes que demanden una acción coaligada y suficientemente coordinada.

Con naturalidad vendrán en su búsqueda socios y amigos interesados genuinamente y resueltos a tomar nota de sus indicaciones, sus proyectos, amablemente resueltos a coordinar acciones emprendedoras. Deposite su fe en estos amigos y colegas, que exhiben nobles sentimientos y desean prestar su apoyo. Cada uno le secundará positivamente en cuanto haya decidido desarrollar.

Idee planes claros y concisos, reglas de conducta fundadas en valores superiores y por sobre todo naturalmente ejecutables.

Concéntrese en concebir semejante proyecto, una idea motora que obtendrá el respaldo y la cooperación de colegas, amigos y organizaciones conectadas con el quehacer cultural del país o del extranjero. Ellos actúan como instrumentos de Karma. Le harán notar su aprobación visceral, incluso admiración ante el proyecto que ahora intenta impulsar.

Sea cuidadoso, no exagere cuando se trata de ponderar sus potencialidades, puesto que en un momento tan propicio urge el estudiar en detalle el programa de trabajo, las acciones a emprender y los instrumentos elegidos. De lo contrario se expone a alcanzar un suceso sólo momentáneo, que acabe por desestabilizarlo, forzándolo a retroceder y tener que comenzar de nuevo más adelante.

Las ocasiones pródigas demandan por sobre todo de veracidad y una fuerte contracción al trabajo. Tomando en cuenta todas estas recomendaciones, los buenos resultados se presentarán y darán pie a la consideración social.

No tema a las posibles dilaciones inaugurales o por las complejidades de una situación semejante: todo inicio ríspido o desafiante preludia un posterior suceso seguramente prolongado.

Las líneas

Línea de base: Al comienzo muévase con sumo cuidado, con disciplina y claramente. Defina su proyecto y coordine las acciones. Este es el momento.

Línea 2: Le han cedido el control en el emprendimiento. Anime y oriente a sus colaboradores. Acepte humildemente las laudatorias y las gratificaciones.

Línea 3: Falta de orden en el mando. Solucione este cuadro rápidamente. Tampoco una derrota es el fin. Predispóngase para una segunda fase de actividad, para contraatacar con la fuerza de las intenciones más nobles.

Línea 4: Desande el camino, el antagonismo es muy fuerte. Es prudente retroceder y revisar este proyecto. Pausando la actividad se templará para volver a emprender y obtener sus objetivos.

Línea 5: Se arriesga a sufrir ataques o ser víctima de murmuraciones. Una vez que trascienda la oposición creada no se enardezca con sus hostigadores. Eso le conduciría al infortunio.

Línea superior: La victoria está cerca. Felicidades. Reconozca y gratifique a sus colaboradores, pero no especialmente a aquellos que nada más buscaban obtener dinero a sus expensas.

VIII
PI
LA UNIÓN

El Kua

Es factible organizar voluntades en torno a su profesión o negocio, sin que esto implique vínculos ocasionales y no duraderos, aparentemente se trata de potenciales socios o adherentes calificados y experimentados en su propia área de acción.

Dadas las circunstancias, para el consultante y por igual para quienes manifiesten interés de acercamiento, la presente configuración indica contactos que es bueno cultivar y no dejar pasar. Precisamente no prestarle atención a los encuentros y comunicaciones laborales o puramente sociales en una ocasión como esta, rematará en un enlentecimiento de las circunstancias favorables, en particular respecto a los contactos que pueden ser sumamente fructíferos en cualquier orden.

A fin de reunir en su entorno estas personas, se vuele necesario mejorar creativamente su desempeño, transformando los trabajos en obras muy cuidadas y bien terminadas, detalle que puede que haya pasado por alto en anteriores cuadros de comunicación profesional. Tenga presente que ante situaciones promisorias, tomando en cuenta los diálogos y encuentros previsibles, resulta indispensable realizar acciones preparatorias adecuadas, a fin de afianzar relaciones sólidas, fundadas en la calidad de nuestras obras y en una justa valoración de los otros circunstantes.

Respecto a los trabajos que ahora importan, está auspiciado el probar con procedimientos nuevos y más afinados, capaces de unificar disciplinas y resolver creativamente los dilemas en la factura de las obras. Esta práctica lo potenciará para proyectos nuevos y emergentes iniciativas, más allá del porte o el tamaño, aunque ricos en diseño y aplicación de técnicas resolutivas infrecuentes o de última generación.

Aprenda a colaborar con otros emprendedores, particularmente en la proyección y desarrollo de soluciones creativas y de múltiple aprovechamiento, todo lo cual expandirá su buen nombre y el de su capacidad profesional.

No desdeñe el interactuar o vincularse con otras empresas u oficinas, ya que las energías que afectan su vida en estos tiempos, pueden ser mejor aprovechadas mediante el cultivo de buenas relaciones con otras personas y colegas.

Las líneas

Línea de base: Al inicio no tiene compañía. Una impensada dosis de buena fortuna resulta de una acción hasta cierto punto desinteresada.

Línea 2: Si canaliza su limitado margen de poder personal prestando atención a su líder interior, a la voz de la conciencia, las ayudas acudirán a usted desde todas las direcciones.

Línea 3: Líguese a individuos confiables y nobles. Esto incrementará su buen nombre. Evite acordar con colegas inescrupulosos.

Línea 4: Si bien está próximo al poder, ha de moverse con cautela y rigurosidad a fin de que sus subalternos no detengan su avance.

Línea 5: Está en posición de mando y goza de buena fortuna. Acoja en su entorno a nuevos trabajadores emprendedores y de buena madera. La amplitud y generosidad premian por igual al líder y a la comunidad.

Línea superior: Perdió tiempo y ahora no puede asociarse a nuevas personas. Prepárese para una posible desventura; aunque si se armoniza cuanto antes, logrará atenuarla. Puede que a causa de su actitud proactiva luego sea tocado por la buena fortuna.

IX
HSIAO CH'U
UNA SUAVE LIMITACIÓN

El Kua

Si usted está en el momento inicial de alguna actividad, en la programación o reprogramación de su labor, factiblemente se deba enfrentar a algunas limitaciones o circunstanciales detenimientos. Tales bloqueos pueden asumir formas varadas, quizás en el campo de la energía vital con la que cuenta o respecto al impulso hacedor. También podría resultar de impensadas nuevas obligaciones con los camaradas propios de su actividad o eventualmente con sus socios.

Hágase cargo de que semejantes impedimentos no representan algo insalvable, todo esto habrá de trascender los tiempos actuales, de forma que con el concurso de la paciencia, la capacidad de resistencia y resiliencia y la aplicación de la experiencia acumulada, en estas u otras circunstancias análogas, las cosas podrán ser superadas y toleradas, sin que este cuadro de limitación temporario deje marcas o heridas profundas en su carácter.

Al situarse en el inicio de una actividad es recomendable, en cualquier caso, que utilice el tiempo del que dispone para mejorar su formación y adquirir nuevos conocimientos y técnicas. Esto le proporcionará mejores herramientas para enfrentar los desafíos del futuro.

Emprender una búsqueda formal o informal de nuevos conocimientos sobre el área de su competencia son decisiones muy valiosas en estas circunstancias. Del mismo modo todo cuanto tenga que ver con lecturas misceláneas sobre su área laboral específica resultará por demás constructivo. Actuar de esta forma le permitirá dinamizar su mente y acondicionarse mejor para cuanto vaya a ocurrir con su trabajo en el futuro.

Se prevén reuniones con colegas, incluso con individuos de elevada ascendencia en el marco de su actividad. De estas reuniones usted debe tomar, atesorar, las recomendaciones y consejos que escuche. Todo ello potenciará en gran medida su formación, le ayudará a completarla, amén de que tales vínculos pueden significar nuevas y buenas oportunidades laborales futuras.

Tenga presente que este Kua apunta al logro de metas, de forma que no es necesario que se exprima el cerebro mediante razonamientos o consideraciones, para nada útiles en la presente circunstancia. No se detenga a analizar lo que se presente como dificultad o impedimento: es una condición de los tiempos que así como llegó va a pasar. Por el contrario desarrolle un pensamiento positivo y creador en preparación a los mejores eventos que la vida le pondrá en sus manos.

Las líneas

Línea de base: Se halla firme y disfrutando de una buena posición. De todos modos no es el momento de correr riesgos en el afán de progresar. Si así lo intentó, vuelva sobre sus pasos con dignidad. No se exponga a que otras personas le bloqueen el paso debido a su temeridad. Refrénese y espere una ocasión más propicia, que vendrá a usted y con éxito.

Línea 2: Como se siente fuerte y confiado, decide avanzar. Tenga presente que cualquier progreso actual no alcanzará niveles de logro adecuados. Si no se refrena a tiempo, se encontrará con variadas limitaciones. Deténgase y aguarde señales precisas de nuevos cambios positivos.

Línea 3: Al forzar esos cambios produjo una gran desestabilización. La aplicación de la fuerza ahora acabará sin éxito. Conténgase y no participe ni cree discusiones. Pronto advertirá que necesita transformarse, reciclarse.

Línea 4: Está tratando de enfrentar situaciones e individuos que lo irritan. Parece inevitable, por más que el resultado no sea finalmente el que usted busca. Dado que las personas de las cuales depende concuerdan con usted, no habrá motivo de lamentaciones. Más allá de que no zanje por completo la adversidad presente, no será criticado ni escarnecido.

Línea 5: Ostenta un rango influyente y con mando. Necesita un asistente confiable así como delegar en él algunas responsabilidades, o simplemente trabajar en sociedad. Muéstrese complacido con cuanto consiga en estos momentos, aunque le parezca poca cosa.

Línea superior: Su prudencia y control personal pronto le reportará logros. No se arriesgue más allá de lo prudente. Relájese, descanse, reflexione y ordénese que con ello habrá de consolidar sus logros actuales y futuros.

X
LU
LA CONDUCTA

———————————
———————————
———————————
——— ———
———————————
———————————

El Kua

Su conducta ha dado lugar a un cierto desorden. Posiblemente confronte con socios, con sus mentores, con empresas o instituciones influyentes y poderosas. Esta discordancia en otros tiempos hubiera podido afectarle de forma apreciable, aunque con este cuadro, y siempre que no se muestre excesivamente agresivo, usted está a salvaguarda de acciones y consecuencias peores, estando en situación de cancelar los conflictos de una forma acabada y sin ulterioridades.

El kua recomienda el empleo de estrategias y conductas amplias y reflexivas. Procede apelar a sus mejores virtudes societarias, su predisposición a la reconciliación, al diálogo atildado, a efectos de resolver constructivamente lo que aún queda de encono y colisión de intereses. Una actitud como la señalada, armonizada con las elevadas miras de las correctas relaciones humanas y de la concertación le harán triunfar por sobre la adversidad.

Fundamentalmente, el secreto del éxito radica en ser sincero y amable con todos los circunstantes, siempre de una forma veraz. Al analizar el actual estado de cosas, podrá visualizar directamente, que por sobre todo un amable sinceramiento y frontalidad cortés puede reportarle acuerdos amistosos duraderos y una nueva condición de los vínculos ahora lesionados.

Si no pierde el control ante los cuadros de enojo que esta configuración parece sugerir, si actúa de acuerdo a los más nobles dones de su humanidad, no habría razones para temer nuevos problemas en el relacionamiento con otros colegas y comandos del mundo. Por otra parte es del todo oportuno eludir nuevas discusiones, sorteando las diferencias de parecer apelando a su calidad humana y a la más fértil nota de sensibilidad que mora en su interior.

Las líneas

Línea de base: Si bien está templado y posee un rol o cargo sólido, los acontecimientos se muestran amenazantes, al extremo de que pueden debilitarlo. Si es modesto y se conduce con tino, avanzará. No se permita actuar con violencia y desconsideradamente. Ha de aplicar abnegación y cauta resistencia, puesto que estos hechos se habrán de mostrar desde este momento con un tono de apreciable infortunio.

Línea 2: Todavía tiene un rol protagónico y es consistente con sus relaciones, pero en estas circunstancias individuos con poder material no le respaldarán. Mantenga la calma, obrando con cautela y precaución.

Línea 3: Su deseo de avanzar resultó desafiante. Ha perdido casi por completo la estabilidad. Además podría sufrir problemas en el trabajo. Incorpore todos los cambios y adecuaciones que requiera, pero ya. Deje para más adelante sus otros planes.

Línea 4: Si bien es fuerte y confiable, no debería iniciar nada nuevo en estos momentos, si lo hace se expondrá a un insalvable conflicto con alguien que ostenta un cargo de poder. Cautela y moderación. Lleve una vida armónica y amable.

Línea 5: Aunque goza de renombre, otras personas no lo respaldarán efectivamente en este momento. Si procede con humildad y austeramente, no surgirán consecuencias contrarias a su actividad personal. Si aplica el recto medio en todo, las circunstancias y las personas se mostrarán amables con usted.

Línea superior: Está muy cerca de la meta. Afírmese moralmente. La conciencia de los beneficios de una existencia modesta y armoniosa es un valor supremo en estos tiempos. Ejecute los cambios que en su introspección perciba como indispensables, puesto que han quedado pendientes a lo largo de los últimos años.

XI
T'AI
LA ARMONÍA

_____ ___ ___
_____ ___ ___
_____ ___ ___
_____
_____
_____

El Kua

El presente hexagrama exhibe el cuadro de una avanzada y quizás perfecta coordinación entre el Cielo y la Tierra, entre la esfera divina y la dimensión humana y material: usted cuenta con una elevada facultad de inspiración y poder regenerador, reconstructivo, todo ello en sus manos.

Armoniza con los quehaceres habituales y el bienestar ampliamente: los medios mecánicos e instrumentales y la iniciativa y creatividad se mantendrán plenamente alineados, de suerte que le proporcionarán oportunidades para desplegar su oficio o profesión de la mejor forma.

Sus colaboradores y socios lo tratarán con entusiasmo por su probada competencia. Los vínculos y las ocasiones de influir sobre los clientes y sus vecinos crecerán en este momento; oportunidad en la cual una línea de alto poder sintetizador estabiliza todos los variados intereses de las personas que le rodean, dejándole en una posición envidiable. Las comunicaciones y los avances tendrán lugar gracias al diálogo, a la claridad en la percepción de los hechos.

Aún las tareas menos especializadas y que no le demandarán esfuerzo y tiempo, lograrán llamar la atención del público sobre usted, concentrándose en su figura como profesional competente. Es recomendable que proceda con control y ponderación en época tan benéfica, para que las circunstancias felices se prolonguen más allá de este cuadro. Existe una cierta inclinación al exhibicionismo que debe detectar y evitar en estos momentos.

Es tiempo de sellar antiguas disputas profesionales, de superar divergencias de cualquier orden y así consensuar con sus colegas y socios. Téngalo presente: emplee consciente y plenamente este buen ciclo para fundamentar su progreso y cimentar su futuro. De su sensatez deriva el actual potencial de florecimiento humano y laboral.

Agradézcale a la Vida por esta espléndida posibilidad que se le concede, cumpliendo con honor todos sus compromisos y reforzando los lazos de amistad, siempre con el norte fijo en el superior propósito de restaurar la armonía perdida debido a las cosas desajustadas y desordenadas, tanto en su vida interior como en las relaciones con la sociedad.

Las líneas

Línea de base: Recién comienza este ciclo de paz, estabilidad y abundancia. Aun mínimos esfuerzos en la dirección más constructiva darán frutos. No lo olvide.

Línea 2: Ocupa una posición influyente y central. Sus planes e iniciativas serán muy bien recibidos. Complete lo que tiene entre manos, disculpe el destrato y las ironías, rehaga aquello que dejó a medio hacer o suspendido. Elija la línea recta y el centro, sin privilegios ni exclusiones. Crezca confiadamente en el camino que conduce a sus metas.

Línea 3: También las circunstancias triunfales menguarán. Llegó la hora de consolidar sus planes y concluirlos, disculpando a los intolerantes, siendo justo y magnánimo en sus relaciones. Tal es la forma manera de extender los buenos auspicios.

Línea 4: Urge solicitar el auxilio de colegas y conocidos, aun de quienes parezcan insignificantes o poco gravitantes. En este período recibirá la ayuda que demande con total naturalidad. Es tiempo de compartir la prosperidad que pueda conocer con aquellos que acudan para apoyarle. Elija responsablemente a sus colaboradores.

Línea 5: Ostenta un rango inmejorable para materializar sus proyectos. Puede que resulte conveniente vincularse profesionalmente con alguien más, aun tratándose de un subordinado o con un papel lateral dentro de su oficio. Una concertación productiva le permitirá crecer y expandirse. Los logros y el bienestar están cerca.

Línea superior: El ciclo triunfal pronto habrá de dar lugar a un vuelco en los acontecimientos. Aplique su energía para reforzar vínculos y acuerdos. No se cierre ni se niegue a quienes operan como instrumentos del cambio que está por venir, colabore. Ahora que el esplendor se apaga, no se retraiga ni se niegue a sí mismo. Agradezca los progresos alcanzados y siembre el porvenir con nobles acciones.

XII
P'I
EL OCASO

―――――――――
―――――――――
―――――――――
―――― ――――
―――― ――――
―――― ――――

El Kua

Es factible que mantenga contactos y negociaciones con personas y colegas que suelen no cumplir con las reglas éticas, eventualmente con las normas de convivencia, habituados a obtener emolumentos a través de medios no ortodoxos, eventualmente manejando las voluntades de los clientes. En tamañas circunstancias tales vínculos laborales exhibirán un rostro todavía más voraz y codicioso, todo lo cual desafiará o pondrá bajo amenaza su quehacer diario, quizás su prestigio.

Bajo este cuadro de cierta adversidad está especialmente indicado el trabajar anónimamente, con bajo perfil y sin pretender reconocimiento, evitando innovar, sencillamente quedando a la espera de un tiempo más venturoso antes de pujar una vez más directamente sobre el mercado de trabajo.

En otro sentido, aun cuando tratara de ampliar su agenda y comunicarse con colegas infrecuentes o desconocidos, con idóneos en su área laboral, este ciclo sombrío apenas si lo comunicará con individuos inclinados a las malas artes en los negocios, a actividades realizadas de forma oculta corriendo el riesgo de exponerse a nuevos problemas.

Tenga presente que también los ciclos oscuros pasan y que tarde o temprano, toda vez que esta situación temporaria se cancele por sí misma, ingresarán a su vida activa nuevos elementos capaces de proporcionarle una mayor estabilidad, cerrando la corriente adversa que este Kua evoca, dando lugar a transformaciones positivas.

Más allá del vaticinio y de la alerta que él expresa, no ceje en sus intentos por completar su formación y ampliar su competencia. Los ciclos de oscuridad, de oposición, de soledad forzada, deberían ayudarnos a trabajar sobre nuestra mente y nuestras manos, tomando en cuenta nuevos matices o facetas de la actividad que abrazamos. Los productos de la limitación, de la adversidad, efectivamente son más plenos y completos que los surgidos de la liberalidad, la desmesura y la euforia. Saque provecho de cuanto ocurra en su taller, en la oficina, allí donde trabaja habitualmente, y madure en su interior la viabilidad de una nueva promoción profesional.

Es tiempo de auto-cultivarse y preparar el terreno para cuanto vaya a ocurrir en el futuro.

Las líneas

Línea de base: Si bien se une a personas de equívoca moralidad, aún cuenta con una presencia amistosa en su círculo, una persona con mando. Fortaleciéndose en sus principios y en su propia idoneidad, eludiendo la frecuentación y la presencia de los tahúres, acariciará el suceso más adelante.

Línea 2: Apele a la familiaridad que cultiva con la persona de mando antes aludida. Afírmese en sus principios y perfeccione su competencia anónimamente. No se muestre ante individuos con objetivos sombríos, que, como se le advirtió, están cerca.

Línea 3: Posiblemente esté buscando un objetivo, o quizás lo logró ya, pero de forma no ética. Apele al consejo de alguien recto y moralmente intachable para corregir este estado de cosas. Está en condiciones de retornar al camino recto, revisando sus metas más inspiradas y armonizando su mente, ahora demasiado ansiosa de resultados.

Línea 4: Se aproxima el tiempo de dejar atrás el momentáneo ocaso. Apele al consejo de individuos rectos y de valor incuestionable y retorne al buen camino.

Línea 5: El ciclo signado por el ocaso pronto quedará atrás. Ha alcanzado un sitial privilegiado e influyente entre sus allegados. En poco tiempo podrá aplicar todo ello para lanzar una nueva promoción de su actividad. Si procede en conformidad a los más altos principios éticos, el éxito y la buena ventura regresarán a usted.

Línea superior: El ciclo sombrío concluyó. Si su proceder fue noble, recobrará también cuanto pudo haber perdido. Es el momento de apelar a su más vital imaginación a fin de transformar los censurables métodos antes aplicados en conductas valorables y parejamente firmes, todo lo cual le garantizará un cierto grado de éxito.

XIII
T'UNG JENG
EL COMPAÑERISMO

_____
_____
_____
_____
_____   _____
_____

El Kua

Ahora resulta muy edificante el conectarse con otros colegas y personas con su misma competencia y que labre vínculos nuevos en cualquier parte, fuera y dentro de su área de influencia. El resultado en gran medida dependerá de cuán amplia y creativa sea su capacidad de comunicarse, de conocer a nuevos amigos y de cuanto se anime a unirse a ellos eventualmente.

En el deseo, que espontáneamente este cuadro implantará en su vida, de conocer personas afines, algunas ofertas que puedan presentarse no siempre resultarán útiles o provechosas. Cuando reciba semejantes propuestas, debería solicitar consejo al respecto de la naturaleza de tales proyectos o mejor volver a consultar al Oráculo. Busque el asesoramiento competente de individuos merecedores de una plena confianza y con probada experiencia o quizás sumando a la indagación sobre la factibilidad de los nuevas propuestas, otras consultas al Oráculo. No resultaría bueno el ceder irreflexivamente a cualquier promesa de emprendimiento. Tenga en cuenta que el ciclo actual es mayormente beneficioso y que posee en gran medida positivas características, aunque no por ello sería adecuado tomar decisiones poco meditadas. Recuerde que en otros tiempos no siempre procedió de acuerdo a la razón y a la lógica, y que las inclinaciones de la conducta se mantienen en la memoria por más tiempo del deseable.

Debido a que en este período el comunicarse y sociabilizar están bien signados, resultaría edificante perfeccionar la cualidad de su trato, ser considerado, amable y cordial, y de resultar necesario ofrecerse para resolver conflictos nunca sellados entre individuos o grupos. Si aplica su más noble y luminosa potencialidad y se predispone positivamente en su labor diaria, en este ciclo de gran fertilidad pues ganará en ocasiones concretas de desenvolvimiento y maduración profesional, incluso de éxito económico.

Muévase con determinación y seguridad en la facturación de sus trabajos, ya que ahora sí madurarán positivamente las comunicaciones y las posibilidades efectivas de mejoramiento profesional y material.

Las líneas

Línea de base: Llegó el tiempo de dejar su refugio o el aislamiento y reunirse con otras personas de su estirpe. Confíe en sus dotes superiores y no abrigue innecesarios y bloqueantes temores y sospechas.

Línea 2: Usted parece estar circunscribiendo sus relaciones y actividades a las mismas esferas de relación de siempre. Debe salir de esa falsa seguridad y frecuentar reuniones y encuentros en los que el motivo director sea la celebración de la actividad humanitaria y la amistad. No se aísle y avance resueltamente.

Línea 3: Algunas de sus motivaciones para amistarse con otras personas no son dignas ni leales. Examine en profundidad la razón que usted ha cultivado para entablar nuevos contactos. Sólo si se basa en un interés genuino y amable y en una buena dosis de desprendimiento, las cosas marcharán bien.

Línea 4: Usted se extralimitó en el uso de su energía y de la fuerza de ánimo, desencadenando desequilibrios que lo pueden perjudicar. Regrese a la discreción y aplique en todo el sentido común y la justa medida. Ese es el camino sobre el cual deber avanzar.

Línea 5: Cuenta con un gran empuje de realización, pero existen ciertas circunstancias todavía adversas. Es posible que intente acercarse a una persona de reputación, absolutamente honorable. Esta persona también tiene dificultades para acercarse a usted. Ninguno de los dos conoce las razones por las cuales no se procesa todavía el encuentro anhelado. Emplee la ética más pulcra y confíe en la superación de los obstáculos. Con esa dosis de confianza fundada en la bondad de sus miras, en algún momento la puerta se abrirá para beneficio de todos.

Línea Superior: Ha buscado comunicarse y establecer vínculos con una persona o grupo influyente y sólo lo ha logrado hasta cierto punto. Dese por satisfecho y no se lamente inútilmente por no haber podido avanzar más allá. Nuevas oportunidades asomarán en su vida en la medida que no deje de comportarse con honor y con modestia, sobre todo con regularidad en la palabra y en la acción.

XIV
TA YU
LA GRAN ABUNDANCIA

--- ---

El Kua

Esta configuración insinúa que el consultante ha alcanzado un apreciable margen de suceso, popularidad, gracias al eficaz abordaje de sus tareas, incluso obteniendo abundantes pagas y reconocimiento. Procediendo con humildad y de forma frugal y eliminando propensiones al egoísmo y a la avaricia, siempre en relación con el citado crecimiento personal y monetario aquí indicados, el consultante logrará afirmarse en este período de éxito, especialmente porque los proyectos creativos en su competencia profesional, se exhiben como el camino adecuado para ampliar la fuente de sus ingresos y extender de esa forma la buena fortuna.

En cierto sentido el vaticinio prevé una importante suma de encargos laborales y en relación con ello el interesado tendría que obrar con gran responsabilidad: aquello que se acopia exageradamente termina por desencadenar estancamiento y consiguientemente corrupción: estancamiento debido a la compulsión desmedida por imprimir nuestros propios objetivos a la fuerza, violando la Ley Natural, y corrupción, dado que el apego, la dependencia a los trabajos que resultaran lucrativos, suelen rematar en la codicia y sustraernos de la misma experiencia edificante de la abundancia merecida y amplia.

El camino es continuar laborando y compartiendo los resultados de nuestra faena diaria de forma omnicomprensiva, fresca y munificente, como se sugiere, con el propósito de afirmar nuestro proyecto, de desarrollarnos y superarnos con él y de predisponernos para hacernos de nuevas amistades, nuevos socios y colegas.

El hexagrama por otra parte revela una propensión desmesurada a la ostentación exterior y a la aparatosidad, realidades que es bueno evaluar con la mayor objetividad posible.

Aun cuando se aproximan objetivos nuevos y con ellos valiosas ocasiones para obtener suculentos emolumentos, el consultante debería ser selectivo y evitar inclinarse ante las renovables tentaciones acerca de medios irregulares de progresar material y laboralmente. Si cayera en tamañas acciones negativas, cuanto puede aproximarse a su vida bajo la apariencia de oportunidades de superación, resultará completamente magro tarde o temprano.

Se trata de la oportunidad adecuada para socorrer a un colega, a una amistad, para reconciliarse con alguien de la profesión y para ocuparse de encargos de trabajo en unidad con otras personas. De obrar de la forma sugerida conocerá nuevas vías para una segura expansión.

Al obtener este kua uno debe mostrarse cauteloso, modesto y no permitir que nos subyugue vanidad alguna o la importancia personal, tentaciones que por estos tiempos pueden presentarse. La vía idónea para compartir la abundancia actual es por sobre todo orientarse al bien común.

Las líneas

Línea de base: Utilice magnánimamente su fuerza vital y buena posición. No se vincule con personas mendaces y poco éticas. Tenga en cuenta que administrar lo que abunda es una faena demandante y rigurosa. Caiga en la cuenta que esa abundancia puede atraer al tahúr y al corrupto por igual. Actúe cautamente y prevéngase de quienes envidian y labran planes ocultos.

Línea 2: Cuenta con la cercanía de alguien influyente. No se aleje de ese individuo. Es una buena ocasión para mudar su taller o local de trabajo. Tiempo indicado para crecer y madurar de forma integral, en especial moral y espiritualmente. Emprender nuevos proyectos ahora cuenta con el éxito seguro.

Línea 3: Puede que surja la ocasión de apuntalar a una persona influyente y cercana, en especial por medio de sus herramientas de trabajo. Hágalo sin dudar. Esto le proporcionará recompensas. Incluso meramente ofrecer su ayuda le tornará digno y dueños de superioridad moral. Eso sí, auxilie con sinceridad, con el corazón. De esta forma iluminará su buena estrella.

Línea 4: Muéstrese prudente e impersonal respecto a su propia competencia y a las fuentes de su éxito. No se envanezca, no presuma. Examine su conciencia cabalmente. Actúe con modestia, lealtad y generosidad. Con este proceder impedirá ser enjuiciado y destacará en el campo de su especialidad.

Línea 5: Es alguien influyente y exitoso, pródigo y munificente. Le respetan y le admiran. No trate de sacar ventaja de ello. Si vive rectamente, los beneficios serán insuperables.

Línea Superior: Tiene éxito y no es ostentoso. Los poderes celestes lo premiarán magníficamente.

XV
CH'IEN
LA HUMILDAD

El Kua

En las presentes circunstancias y con el modo de conducirse que usted escogió, siéntase satisfecho con logros moderados sino escasos. No pierda su tiempo intentando desarrollarse a niveles mayores, puesto que esta actitud sólo puede llevarlo al fracaso y a la decepción.

Este kua también indica que se encuentran muy indicados los trabajos menores, las obras breves y no demasiado ambiciosas, la labor minimalista, el detalle, el detalle primoroso, el detalle y la precisión, por encima de otras expansiones más amplias y enjundiosas y movimientos operativos ahora desdeñables. Cautela y suma moderación en las gestiones, en las acciones con sus pacientes y por sobre todo una sólida persistencia en la laboriosidad, con la convicción más profunda de que todo pasa, los tiempos cambian y uno, obrando sabiamente, se debe ajustar, adaptar, a los acontecimientos según gira la rueda de la existencia.

Aquello con que cuenta en estos momentos debería ser lo suficiente para usted. Amóldese a este punto de vista si quiere evitar la más dura experiencia, el sentimiento de frustración y fracaso. Mantener metas juiciosas, desarrollar proyecto modestos y de alcance reducido, le garantizarán un relativo suceso y le permitirá subsistir, más allá de otras carencias, muchas veces de índole emocional o vinculadas al propio ejercicio de las artes, que nunca la propia vanidad da por cubiertas.

Desde su comienzo, los proyectos que impulse deberían carecer de propósitos ostentosos, temerarios o desproporcionados. Todo a escala y suficientemente concentrado, resultará de mayor beneficio y perdurabilidad.

Si usted profesa la modestia y la discreción, una forma segura de suceso lo acompañará y no será objeto de burlas ni de escarnios a pesar de la incidencia de estos tiempos de relativa limitación. Recuerde que ser amado y justipreciado por los demás es también un valioso triunfo en la vida. Refuerce sus vínculos por medio de la sinceridad y de la franqueza y obtendrá mucho más de lo que espera.

En la concepción tradicional china, la modestia, sino la humildad, son altas virtudes que califican a los individuos y los preparan para épocas de crecimiento y superioridad en los logros y en la propia estatura interior. Todo tiene su tiempo y su medida. Respete la dinámica de la vida y la vida lo premiará con creces ahora y en la justa oportunidad.

Crezca en dirección al corazón que luego integrará en sus obras productivas los frutos de una interiorización que estos tiempos encomian por encima de las expansiones mundanas.

Las líneas

Línea de base: Si no abriga desmedidas pretensiones, la situación no se desnaturalizará. Estos tiempos requieren de una medida muy amplia de modestia y desinterés. No debe fijarse metas demasiado ambiciosas en este momento, al comienzo del proceso de limitación.

Línea 2: Repare en el hecho de que está cerca de alguien con poder o influencia. Compórtese con modestia y cautela, mida sus palabras y sus actos ante esta persona. De esta forma, la relación florecerá a pesar de las señales de estrechez que puedan surgir; no habrá reclamos ni inquina contra usted.

Línea 3: Es hora de trabajar con intensidad y método, con esfuerzo y eventualmente con algunos sacrificios. En la medida que logre establecerse en una actitud de genuina modestia y sinceridad, los seguidores que una vez supo complacer con su arte terapéutico, continuarán siéndole leales y no atraerá hacia sí la desdicha ni la maledicencia.

Línea 4: Ante la cercanía de una persona de poder y quizás de linaje en su esfera de acción, redoble su actitud de modestia y de prudencia. No provoque litigios ni ingrese al terreno temerario de las intrigas y de los cuestionamientos. No lo favorecerá esta conducta en absoluto. Cooperar humildemente con los que ejercen el real poder y además con sus socios o subordinados, colegas y amigos, es la vía más segura para evitar que el peligro que en cierta forma se encuentra a las puertas, se haga presente a través de situaciones enojosas, de pérdida y frustración.

Línea 5: Aún conserva un estatus significativo, una posición de relativa ascendencia. No presuma de sus logros anteriores, de su saber ni de su singularidad, ni se envanezca en público ni en privado. Si las circunstancias le demandan asumir conductas o adoptar decisiones de especial gravitación, redoble su propia vigilancia y evite los desbordes de autoridad. Esto le asegurará el crédito y la confianza de todos.

Línea Superior: En el ejercicio de su autoridad usted hizo doblarse la medida, se volvió demasiado tolerante y mudable. Llegó el tiempo de tomar decisiones que requieren de energía y de seguridad interior. Afortunadamente sus motivaciones son juiciosas y no habrá de ser pasto de críticas y escarnio, siempre que se conduzca con energía y sentido común. No aplique la fuerza irracional a sus deberes de mando, de lo contrario se ganará la enemistad y el infortunio.

XVI
YÜ
EL ENTUSIASMO

——— ———
——— ———
———————
——— ———
———————
——— ———

El Kua

En este período usted puede emprender trabajos que impliquen grandes desafíos metodológicos y resolutivos y los habrá de fraguar con una encomiable excelencia, conquistando la aprobación y el elogio de las personas que se mueven en su entorno. Una característica de esta configuración es la relativa conveniencia de organizarse en compañía de otros trabajadores y promover así acciones de servicio a la comunidad, cualquier actividad en la cual la unidad del conjunto resalta. Usted mismo destacará y sus actos lo promoverán, por su iniciativa y valor, hacia esferas más comprometidas y ventajosas.

La factura de las acciones irradia una vibrante calidad, colorismo y vitalidad y la influyente manifestación de su control emocional, por una vez, es canalizada muy eficazmente, detonando todo tipo de saludables comentarios y atrayendo elogios y pacientes de una manera renovada y categórica. Buen momento para concentrares con energía en el acto constructivo, investigar, probar, pues todos estos ejercicios terminarán muy positivamente, como se dijo, así para la currícula del operador como para la constelación de vínculos y conexiones que le rodean.

En tiempos tan fértiles, en que el éxito es tan sencillo, al menos aparentemente, uno debería precaverse de obrar con descuido o desaliño y de llevarse el mundo por delante. Cuando este tiempo concluya, la medida de nuestra excelencia se verá reflejada en los ecos que aquellas acciones despertarán. De modo que se sugiere hacer las cosas con la necesaria pasión y entrega, desde luego, pero sin extralimitarse en los impulsos de autopromoción, una autopromoción que más allá de deslumbrar puede enceguecer y asfixiar, ofuscar la mente y las percepciones de las otras personas a las que seguiremos frecuentando luego de transcurrido el período.

Más allá del resultado alcanzado, el trabajador debería conducirse con moderación, evitando disipar su fuerza, su energía, en triunfalismos exhibicionistas, lo cuales terminarán por afectar negativamente la visión que el colectivo comunal haya acuñado sobre él. Momento decisivo como pocos para fructificar y también para sembrar la simiente del respaldo y el consenso general futuro a favor del consultante. Sólo tener presente que toda fogosidad tiene un estigma autodestructivo.

Las líneas

Línea de base: No celebre todavía. Es el inicio del movimiento favorable. Sea prudente y no atraiga la desventura. Toda presunción en estos momentos resulta extemporánea y provocará críticas duras y fuerte oposición.

Línea 2: Por más que otros se exalten y festejen, usted no debe caer en la tentación de seguirlos. En su caso es demasiado aventurado el celebrar. Las fuerzas aún no se han ordenado en su beneficio de manera plena y segura.

Línea 3: Se acerca la ocasión de avanzar. Ocurrirá muy pronto. Debe permanecer atento y leer las señales de los tiempos. Esta actitud de alerta atención impedirá que deje pasar las oportunidades que se avecinan sin tomarlas. Si espera más tiempo del recomendable la ocasión pasará y usted habrá perdido una instancia suprema de crecimiento y éxito. No se duerma en los laureles y ejercite su atención sobre todo y sobre todos. La oportunidad está por brotar.

Línea 4: Es la oportunidad soñada. Permita que las personas próximas a usted celebren los resultados, no los anule, pero no excite su ánimo innecesariamente. Se ha situado al frente de su grupo y atrae el interés poderosamente. Debe tener presente que el éxito mundano está íntimamente ligado al entusiasmo. Comunique su entusiasmo y el éxito crecerá al compartirlo. Establezca metas iluminadoras para sus clientes y colaboradores. No se arrepentirá.

Línea 5: Hay alguien que se ha establecido como autoridad junto a usted. No opaque la situación recelando de esa persona o enfrentándola. Recuerde que todavía ocupa un rango central. No cultive la envidia, no oscurezca su alma. Sólo concéntrese en consumar sus planes y los de su equipo de trabajo. Es la vía adecuada para evitar confundirse y perderse en la situación actual.

Línea Superior: No es tiempo de festejos sino de actuar de guía y orientador para la cultura y su equipo. Disciplínese en su responsabilidad y no comunique mensajes de soberbia y exaltación. Ya pasó el tiempo de celebrar. A la acción.

XVII
SUI
SER LÍDER Y SEGUIR A OTROS

___ ___
___
___
___ ___
___ ___

El Kua

Usted y su profesionalismo han llamado la atención de alguna persona influyente, de una empresa o taller con credenciales en el rubro, incluso del público que ahora no se le mostrará esquivo: todo lo contrario, le consultará, costeará sus actividades y hará correr la voz sobre los valores y la importancia de su labor.

En momentos afortunados como estos en que surge una vía de acceso al mercado laboral y a la comunidad, debería enfatizar en su trabajo una línea de comunicación, de comunión con los demás, afirmando las prácticas que ahora han llamado la atención, profundizando en las técnicas aplicadas, el carácter de su acción responsable y al mismo tiempo redoblando su dedicación, las horas de trabajo, a fin de obtener resultados perdurables en un momento clave para adquirir una cierta influencia o ascendiente sobre los círculos próximos a su actividad, los colegas y la comunidad.

El secreto en estos tiempos, el secreto que prolonga y afianza el éxito es servir a sus clientes, no únicamente valerse de ellos para mejorar su condición económica o profesional, el lugar y rol que ocupa dentro de la comunidad, lo central es transformarse en un servidor de sus contratantes. Una vez que su corazón, que su interés se dirija sana y genuinamente a atender, a escuchar, a tener en cuenta las necesidades y requisitorias de tantos clientes como ahora habrán de surgir, su posición relativa se potenciará y su influencia crecerá en la misma proporción en que sus motivaciones, más allá del comprensible autointerés, alienten una superadora conexión con el bienestar y la dignidad humana.

Debería apuntalar la difusión y popularización de sus trabajos, apelando a todo lo que siendo legal y no estrafalario ni ostentoso le proporcione una posibilidad de notoriedad verdaderamente mayor. Este aspecto, como se acaba de señalar, puede ser reforzado por sobre todo si consulta y escucha a sus colegas y formadores que le han escogido y que le premiarán en mayor medida una vez que usted decida para ellos mejores medios y prácticas o ámbitos de atención. Cualquiera sea el camino escogido, usted no debe de olvidar que situaciones favorables como estas no se presentan habitualmente en la vida de los trabajadores promedio. De allí que es urgente, es imperioso aguzar el ingenio y desarrollar una estrategia de líder y a la vez de seguidor, en todo lo que concierne a su relación con el público, los colegas y el mundo en general.

Las líneas

Línea de Base: De una forma impensada, no deliberada, puede presentarse un cambio en las circunstancias, un cambio a aprovechar, impulsado por gente activa en la política del negocio del arte. Es tiempo de dejar el encierro y salir y mezclarse y tratar a todo tipo de personas. Solo poniéndose en conexión con la mayor variedad de tipos humanos, profesionales, de todas las edades y contextos disciplinarios, usted podrá aprovechar a pleno esta espontánea posibilidad de expansión real.

Línea 2: En esta posición se le indica el ser selectivo, escoger a las personas con las cuales va a trabajar, a entrar en comunicación. Lo ideal son personas proactivas, con valores y probado don de gente, refinamiento y sensibilidad. En la medida que se vincule con semejantes individuos de rasgos selectos las cosas tenderán a mejorar por sí solas.

Línea 3: Se ha estado relacionando con personas de dudosa moralidad o competencia. Es hora de dirigirse a los versados, aptos, a los nobles y constructivos. Si usted le da esta señal a la vida y al universo, si con toda claridad demuestra su propósito de mejora ética y superación existencial, la vida y el universo tomarán cartas en el asunto y las oportunidades le seguirán como estelas en el mar.

Línea 4: Se ha posicionado de manera firme y muy eficaz. Ahora ocupa un lugar influyente. Sus pareceres y comentarios son escuchados y tomados en cuenta. Si no se relaciona con personas de baja estofa, es seguro que estas circunstancias de propicidad se prologarán y usted madurará con ello.

Línea 5: Especialmente gracias a la ayuda de sus contratantes usted se ha posicionado en un excelente lugar dentro de un selecto grupo de trabajadores versados. Si ahora y no después afirma sus valores metodológicos y éticos con base en la acumulada experiencia profesional, las cosas marcharán bien. Particularmente si usted decide vivir conforme al punto de vista de un individuo afecto a los valores superiores.

Línea superior: Se ha convertido en una persona noble y ejemplar. Dentro del grupo de sus allegados, aun de los que menos le inspiran confianza, puede que alguien requiera de su auxilio, técnico o humano. Naturalmente usted se lo habrá de proporcionar y la comunidad de intereses y la armonía en el grupo se elevarán y crecerán aun más.

XVIII
KU
MOMENTO PARA CORREGIR DEFICIENCIAS

El Kua

Aunque el cuadro exhiba una cierta condición hostil o de adversidad., en realidad se trata de una situación inmejorable para superarse, subsanar y corregir errores procedimentales, mejorar su formación y avanzar.

En general todas las fallas o errores en el campo de la actividad sanitaria tienen que ver, directa o indirectamente, con falencias y carencias en el orden psicológico y moral, traducidas en errores o en el aspecto no sensitivo, sombrío, desalentador de las sesiones terapéuticas y naturalmente de la gestión de las mismas en el mundo. Muchas veces la conducta desplegada para comunicarse con los colegas, personal complementario, enfermos y pacientes en general, adolece de empatía, cordialidad, consideración, y, lo que puede ser más grave todavía, de sentido de respeto o valoración por el receptor de la acción curativa. Al menos usted y la forma en que piensa y actúa irradia semejantes factores distorsivos, desencadenando procesos de rechazo e indignación.

Un sanador realiza una tarea alquímica, procesando y elaborando de una forma renovada y vigorosa la quintaesencia de su experiencia clínica. El problema se presenta en estos momentos debido a que esa experiencia de vida le dicta a usted decisiones erráticas, le hace incursionar en métodos, terapias, medicaciones, que en estos momentos se encuentran enfrentados a la capacidad receptiva, sensible y humana del paciente. De modo que se encomia al médico y sanador examinar a conciencia su propia concepción de la asistencia y de las interacciones humanas y, si es necesario –y esto sí parece necesario– adoptar los cambios, correctivos y ajustes que la situación demanda, eventualmente con cierta urgencia.

El antiguo texto dice: «antes del punto de partida, tres días; después del punto de partida, tres días», Esta enigmática frase revela la forma en que nuestro equipo psicológico detecta vislumbres de los problemas con una cierta anticipación, antes de que los hechos ocurran y como las secuelas del descubrimiento y de los hechos en sí, perduran más allá del momento concreto en que se dispararon. En tal sentido, uno debería contemplar su vida panorámicamente, hacer sus propias valoraciones, lo más objetivas posibles, pasar por el irreversible acto de contrición, de responsabilidad consciente, y luego proceder a efectuar los ajustes y cambios requeridos. Estos cambios son tanto en el fuero interno como en el trabajo clínico y terapéutico propiamente dicho, cualquiera sea el tipo de disciplina o destreza que se practique y el país o la región donde se viva.

Urge un cambio superador. Uno no deber atribuirle a los demás mala intencionalidad. No es del caso. Se trata de descubrir, atender y desarraigar hábitos y tendencias, prácticas y modalidades de trabajo, absolutamente inconvenientes en los momentos actuales.

Las líneas

Línea de base: La crisis está en sus inicios. En este punto es viable introducir los cambios que se descubran necesarios. El texto tradicional se refiere a falencias cometidas por la influencia dominante del padre. En otras palabras; sus asistencias están sobrecargadas con el principio de autoridad masculino, presumiblemente excesivamente rigurosas y estructuradas y esta condición desata discusiones o provoca el disgusto del público. Examine esta condición.

Línea 2: Ya sea por su psicología o por su modus operandi, la situación demanda entrar en acción urgentemente y proceder con las reparaciones y cambios, Si esta situación fue creada por la influencia materna, es decir, por un exceso de sensibilidad, tal vez de sensiblería, por una predominancia desequilibrada del principio femenino, usted debería intentar aplicar una mirada concentrada y despojada, exenta de emotividad en el límite y atenuar esas aristas. Todo trabajo de corrección en el arte curador es tan importante cono la formación e integridad inicial. Si es necesario, en períodos de tiempo suficientemente espaciados, repase y corríjase con objetividad.

Línea 3: Sea cauto en la corrección, no sea impiadoso con su vocación médica ni con usted mismo. Esto aumentaría la confusión.

Línea 4: Es consciente de sus errores pero no adopta las medidas para cambiarlos. Haga una completa evaluación de su vida y de sus juramentos y votos. Hay algún indicio de que usted no se encuentra a la altura de esta tarea. Recapacite y fortalézcase. Puede que usted continúe aplicando convenciones, métodos y habitualidades asimiladas en su vida infantil. Es necesario apelar a la reflexión y a nuevos caminos de acción.

Línea 5: Está en condiciones inmejorables para procesar los cambios, pero tal parece que carece de la energía movilizadora de la plena conciencia de los tiempos y de sus demandas. Busque colaboradores, colegas, convencido de que puedan aportarle una mirada constructiva para intentar solucionar el problema con cierto margen de prudente aplicabilidad.

Línea Superior: Aunque sus superiores y consultantes le demanden cambios, manéjese discrecionalmente y según su propio criterio, sus propias luces. Preste más atención a sus valores morales y a su propia idoneidad. Esa es la más versátil y amplia vía para resolver el problema.

XIX
LIN
AVANCE

―――   ―――
―――   ― ―
―――   ― ―
―――   ― ―
――――――――
――――――――

El Kua

Cualquier iniciativa laboral seguida de un avance traerá como consecuencia el éxito. Se trata de un tiempo especialmente fecundo para desarrollar sus aptitudes de líder, de trabajador implicado e influyente, capaz de ofrecer destellos de sabiduría respecto a su disciplina y a los problemas de la vida en general, naturalmente desde la perspectiva de su especialidad.

Este tiempo no durará para siempre, de modo que amén de desplegar sus aptitudes de líder paternal/maternal, se encuentra particularmente auspiciada la tarea de ejercer alguna forma de docencia, entrenar, adoptar aprendices, acompañar en su proceso de formación a jóvenes aspirantes al arte u oficio.

En este contexto, ahora que usted avanza bajo la impronta del liderazgo se le recomienda saber excusar y pasar por alto incluso las agresiones intencionales. Muestre su magnanimidad, su superioridad moral y acoja con idéntico interés al obsecuente y al joven trasgresor. En la medida que más y más aprendices emergentes sean capitaneados por su influyente punto de vista, más allá de las afinidades o diferencias, usted crecerá humanamente y su versación profesional se expandirá.

Este es el avance de carácter práctico, el de las especialidades de su disciplina, el del sentido de humanidad y cooperación. Gracias a ese impulso por abrazar y apuntalar a los demás, sin hacer especiales diferencias, la vida y el universo lo premiarán haciendo que su avance se vuelva consistente y seguro y se prologue incluso por más tiempo del que usted podría esperar, razonablemente hablando.

Con esta disposición de servicio, ante cualquier inconveniente o imprevisto se las arreglará poderosamente para dejar atrás la queja y la culpa e ingresar al área segura y estable de la realización, del perdón, de la comprensión creadora, es decir, de la experiencia sublime de la compasión.

En este tiempo de avance incluso las ocasionales circunstancias de adversidad deben de ser asumidas como oportunidades preciosas para su real promoción integral, como ser humano ligado a la vida de todos y como artista pionero en el arte de concebir obras de talla universal.

Las líneas

Línea de base: Ahora que el movimiento es posible, usted está imaginando un posible avance. No obstante contar con la energía para avanzar por su cuenta, es más recomendable hacerlo en unión con otra persona o grupo clínico. En este caso, sea cauto y no permita que la voluntad del grupo se le imponga. Respetando las correctas relaciones tendrá éxito.

Línea 2: Logró avanzar a una posición central. Usted se ha movido con decisión y determinación, Si une sus esfuerzos a otras personas o a un grupo, el avance será más consistente y los resultados exitosos no demorarán en aparecer. Procediendo conforme a los más elevados valores morales, con énfasis en la calidad de los vínculos, usted avanzará por la vida con un gran desarrollo por un tiempo bastante prolongado. Este es un genuino motivo de satisfacción.

Línea 3: Logró moverse hasta un sitial de suceso. SI usted se deja dominar por los sentimientos de complacencia y desmedido confort interior, la situación puede dar un vuelco desfavorable. Libérese de estos sentimientos y conductas y todo se ordenará por sí solo.

Línea 4: Logró hacer un gran avance sin dejar de mostrarse modesto, considerado y servicial para con sus dependientes y socios. Esta actitud debe ser cultivada con constancia porque le aportará éxito perdurable y un sentimiento de implicación responsable con el destino de los demás.

Línea 5: Es un líder exitoso o bien ostenta un grado académico resaltable y se muestra modesto. Si examina las motivaciones ocultas de su conducta y procede con sabiduría su ascendiente sobre los demás crecerá y para bien. Únase con las mejores personas.

Línea 6: Se ha convertido en un profesional lleno de sabiduría y versación. Debe darle al mundo los frutos de su gran despliegue humano e interior. La generosidad le acercará a la buena fortuna perdurable. Sus enseñanzas llenarán un gran vacío interior en aprendices inexpertos urgidos de luz y de correctas pautas de acción.

XX
KUAN
LA CONTEMPLACIÓN INTERIOR

El Kua

Si usted observa con atención la forma que dibujan las líneas del hexagrama, advertirá su semejanza con una atalaya, una torre, un observatorio o mirador. Esto no es casual en absoluto.

Precisamente el significado del simbolismo alude a una etapa en la vida en la que el consultante, por su vida interna como por sus acciones en el mundo, se ha vuelto alguien digno de admiración, de servir como ejemplo, incluso de ser objeto de imitación.

Es probable que en este marco su actividad, su especialidad alcance un relieve inusitado y sea tomada como referencia ineludible en distintos grupos de colegas y clientes. Para una circunstancia como la descripta uno debe desarrollar sus cualidades más nobles y magnánimas. Amén de abandonar toda tendencia a mostrarse imponente y soberbio o exhibirse y pavonearse más allá de los límites de lo estrictamente necesario, usted no necesita apelar a medidas escénicas para que su triunfo perdure. Ya no es necesario venderse como una marca famosa o un producto apetecido por el gran público: debido al natural destaque en su vida moral y profesional y particularmente a la impronta humana y curadora de su actividad, estas obras y lo que emana de su vida lo han catapultado a un lugar destacado y relevante. Usted es contemplado con reverencia y es considerado un modelo en la disciplina que practica, alguien que ha logrado las mayores alturas posibles en el ejercicio de una actividad hecha a conciencia.

Este es un momento muy afortunado para ejercer una actividad de docencia, o, si lo prefiere, de educación, respecto a lo que implica concentrarse, dedicar tiempo a una actividad como la suya. Puede y debería acoger con simpatía a los jóvenes aspirantes al oficio y hacerlo con magnanimidad, poniendo lo mejor de si, sin ocultar detalles o estrategias como las que usted ha descubierto y desarrollado a lo largo del tiempo. Comparta los frutos de su sabiduría técnica y metodológica, vuélvase un ejemplo vivo para las nuevas generaciones.

Este es el momento de exhibir sus más virtuosas y refinadas condiciones humanas y profesionales, no lo olvide, Su palabra y su ejemplo serán tomados en cuenta incuestionablemente en estos momentos, de modo que en primer lugar procede el profundizar en las más elevadas cualidades del carácter y meditar, reflexionar sobre la obra que lo llevó hasta este sitial de privilegio. Reflexionar sobre su vocación concentradamente a fin de desplegar la mayor capacidad didáctica, de ponerse en condiciones de comunicar y aleccionar al resto de la comunidad de sus pares.

Actúe como la torre del simbolismo, como un mirador universal.

Las líneas

Línea de base: Existen evidencias de que próximo a usted hay alguien con una enorme capacidad, erudición y sabiduría. Debido a su escasa disposición para reconocerla, usted no ha entablado aún relaciones con ella. Búsquela y comuníquese. Le aportará mucha luz e inspiración.

Línea 2: Se ha relacionado con personas e institutos influyentes y de poder pero no puede mostrarles respeto y cordialidad. Solo piensa en usted, tal parece, y esto le traerá desdicha. Abra los ojos y abrace los intereses de sus colegas y del mundo. Si pide ayuda, la recibirá y esto será para su entero beneficio.

Línea 3: Reflexiones sobre su trayectoria, sobre lo que ha conseguido y sobre la forma de ayudar a los demás. SI la introspección le revela que ha obrado lúcida y correctamente, pronuncie su compromiso con lo más noble de la vida. Si le muestra exactamente lo contrario, tómese un tiempo para reflexionar y meditar antes de volver a la acción con un nuevo empuje y moralidad.

Línea 4: Ahora sí está en excelentes condiciones de servir a sus superiores y a sus propios intereses. Examine la situación, aplique su intuición para iniciar un período de gran prosperidad y éxito. Si no logra hacerlo de esta forma, al menos refuerce su condición moral y profesional. Tarde o temprano esto le aportará grandes beneficios.

Línea 5: Se ha vuelto un profesional influyente al que todos buscan y escuchan. Para continuar a la altura de este poder usted debe examinar una y otra vez su conducta y apuntalar sus mejores dotes y condiciones. Actuando con delicado cuidado y detalle sobre usted mismo alcanzará a perfeccionarse y a progresar a niveles que usted no alcanza ahora a vislumbrar.

Línea superior: Llegó el tiempo de examinar la vida y las leyes de la existencia como nunca antes lo hizo. Tome ejemplo de la realidad y de sus principios superiores, para aprender y luego diseminar esa quintaesencia de luz y de verdad. Es su tiempo de trabajar en el nivel más elevado e ideal de su oficio o profesión.

XXI
SHIH HO
OCASIÓN DE IMPONER CORRECTIVOS TRANSFORMADORES

El Kua

Este Kua nos remite a la situación de quien recibe una reprimenda o sobre quien se aplica un correctivo, alguna forma de penalización o de castigo, o bien a quien imparte esa penalización a otras personas de su incumbencia.

En principio advierta por sí mismo los errores cometidos en la ejecución de sus trabajos, de sus métodos y particularmente en la forma en que ha desarrollado los vínculos con los colegas con quienes ha llegado a acuerdos o con quienes mantiene una relación. En uno u otro sentido, por defecto o por exceso, presumiblemente usted ha infringido las leyes, las reglas de juego del bien obrar, del trabajo en sí mismo o de la conducta socialmente esperada en el campo de las relaciones profesionales.

Sea cauto: toda penalización o correctivo procede de un evento cuya causa se pierde en la espesura de los tiempos y que a medida que ocurre el devenir ha de ser expurgado, satisfecho, compensado. La ley de retribución, Karma, siempre actúa, aun cuando usted lo ignore o se comporte como si ella no existiera en absoluto. Tenga presente que esta ley opera de forma neutral, sin especial partidarismo o preferencias, pero que más allá de este hecho, en cualquier circunstancia es una ley benigna que busca devolver el equilibrio perdido, equilibrio que en este caso usted o alguien asociado a usted quebró. La forma en que la ley de Karma devuelve el equilibrio es difícil de discernir; se descubre en la acción, una vez que las cosas, que los acontecimientos tienen lugar. Usted debería acentuar su actitud de alerta atención. Si por medio de la actitud alerta usted logra descubrir y desentrañar ese nudo gordiano de causas ancestrales y actuales que se ha desplegado bajo la forma de acciones punitivas en su contra, o bien, que usted aplica sobre otras personas, podrá ganar en sabiduría y descubrir por usted mismo las raíces antiguas de los hechos que están teniendo lugar. La vida le proporciona en todo momento los elementos necesarios para aprender sobre estas leyes maestras de la naturaleza y del dominio mental. Permanezca atento en todo momento a fin de desentrañar las causas ingénitas que penalizan en el presente, a fin de evitar volver a caer en ellas, o bien para mostrarse compasivo y considerado con quien violó las reglas de juego de orden superior y que ahora merece su re-probación y la aplicación de algún tipo de correctivo.

Toda desviación del sendero maestro de la vida trae aparejada alguna forma de penalización, algún tipo de movimiento drástico que nos limita, nos priva de libertades de acción o de propiedades, a fin de que empleemos nuestro talento y que nos reconvengamos y nos predispongamos de nuevo para la justa acción.

Las líneas

Línea de base: Se trata de un operario que se ha hecho acreedor de un correctivo, aun cuando sea una persona fundamentalmente noble y buena. Esta línea puede indicar que usted es esa persona que se conduce como un inexperto. Acepte la penalización y reflexione sobre su responsabilidad y el correcto modo de obrar.

Línea 2: Alguien de su confianza o usted han cometido una infracción a la función sanitaria, de modo que se hace necesario imponer un castigo ejemplarizante. Si usted es quien aplica el castigo sea mesurado, puesto que en este campo la discreción y la justa medida es mejor que el exceso. Sea cauto.

Línea 3: Aquel a quien se ha de imponer una penalización es fuerte y puede que se muestre insensible y testarudo. Aun cuando usted no

91

cuente con el carácter y la energía requerida para imponer el castigo, debe hacerlo. Puede que la persona en cuestión disemine infundios y falacias sobre usted. Incluso si esto ocurriera no debería avergonzarse ni atemorizarse. Al final será para su entero beneficio.

Línea 4: Así el caso enjuiciado como la persona responsable de la comisión de la falta presentan aspectos de ambigüedad. No está del todo claro la oportunidad y la monta de la penalización. Como usted no es excesivamente fuerte, su decisión no le aparejará malas consecuencias. Por el contrario, incluso puede aportarle buena fortuna.

Línea 5: La situación se percibe con nitidez y claridad. Usted se encuentra en una posición influyente para tomar las medidas del caso. La tarea entraña riesgos y una cuota cierta de peligro. Quizás alguien trate de sobornarlo o extorsionarlo y esa puede ser la causa del riesgo. Actúe con ecuanimidad y corrección en su menester y todo machará bien, sin motivos de lamentación.

Línea Superior: Ha incurrido en todo tipo de excesos y se muestra completamente insensible a las recomendaciones y a las demandas de honor. No está dispuesto a escuchar consejos ni recomendaciones. Su posición es débil y alejada del grupo de personas con poder. No podrá impedir la desventura y la culpa. Si se determina a regresar al camino del honor, la desventura se vivirá con menor aflicción.

XXII
PI
EL REFINAMIENTO EXTERNO

El Kua

Este es un hexagrama especialmente apropiado para los oficiales proactivos, ya que alude a la necesidad de pulir, moldear a la perfección, actualizarse, ensayar una vez más con la disciplina tradicional, a fin de perfeccionar y refinar el ejercicio profesional. Las reglas universales del pulimiento y perfección pasan particularmente por un preliminar examen minucioso de cuánto puede ser mejorado, ajustado, cambiado o reformulado. La actitud de objetiva observación y ponderación se vuelve absolutamente imprescindible en esta emergencia y nos hace pensar incluso en la consulta con colegas, especialistas o personas con adecuada versación.

Muchas veces los consejeros y colegas con los que mantenemos un vínculo estrecho alcanzan a ver, desde su distancia y objetividad, aquello que a nosotros se nos escapa. En general los detalles, los errores, los métodos equivocados se nos escapan, puesto que estamos en nuestra actividad noche y día y no le damos a la mente el tiempo ni el espacio para contemplarla, para examinarla, con prescindencia de mecanicismos y formas rutinarias de percepción. El acostumbramiento, más la persistencia retiniana y auditiva juegan un rol central en esta dificultad que todos los actores de la salud conocen a la hora de encarar una nueva fase del trabajo, el cual consiste en interpelar a la profesión abrazada y dejarse interpelar por ella, a fin de corregirla y mejorarla en los puntos en los cuales existan efectivamente rispideces.

Refinar los aspectos externos es lo que cuenta, ya que en las circunstancias planteadas por el Kua, son estos quienes deben ser examinados y mejorados y no el contenido nuclear, el contenido y la forma central y fundamental del proyecto. No es necesario hacer de nuevo los cursos, sencillamente el oráculo nos advierte sobre la conveniencia de proceder a limar asperezas, de reconstruir aspectos, segmentos o partes de la tarea que nos ocupa y todo con la convicción real de que no está en discusión la validez o la importancia del técnico sino el hecho, por todos conocido, de que se hace necesario proceder con exactitud, a fin de expurgar la actividad que desempeña de cosas accesorias el núcleo central del trabajo.

Este es también un Kua de éxito, por lo cual, de encarar la labor con concentración y sentido de la justa medida, de la justa proporción, el resultado alcanzará su propia excelencia y nos veremos colmados por los efectos que la reorganización, la mejora del equipamiento y de la locación.

Una necesaria dosis de modestia y de perseverancia se vuelve indispensable. Nada se logra a impulsos ciegos, se requiere siempre de tiempo y profundidad para reflexionar y ver las cosas en su justa dimensión.

Las líneas

Línea de base: Se ha impuesto el perfeccionar su trabajo. Es posible que reciba ofertas de cursadas por parte de personas de baja calidad humana y moral. Continúe solo su tarea que está bien encaminado. No se ligue con colegas que podrían complicarle la existencia.

Línea 2: Ocuparse de su propio cuidado, refinando su modalidad de vida y de trabajo le permitirá acercarse a las personas influyentes que sí pueden hacer algo constructivo por usted.

Línea 3: Siendo alguien valioso y competente, atraerá inevitablemente la atención de personas que pueden incidir positivamente en su trabajo. Si se mantiene modesto y no hace alarde de superioridad las cosas marcharán bien. Es hora de mejorar su despacho, su taller, el lugar donde hace su tarea y al mismo tiempo extender estos cambios al resto de su tarea. Esto le cargará con una energía benigna y renovada.

Línea 4: Es tiempo de decidir si quiere vivir con fastuosidad y alarde de poder o con simplicidad y naturalidad. Alguien se le acercará y usted puede llegar a pensar que no es digno de su amistad. Una señal le dejará en claro qué conducta seguir respecto a esa persona. Se unirá a personas con buenas cualidades, competencia y valores y esto le traerá aparejado el privilegio del éxito.

Línea 5: Se relaciona con personas refinadas y llenas de afeites. Puede que esto lo llene de sentimientos de escaso valer personal e insignificancia. Supere su tendencia a la vergüenza, no sufra innecesariamente, ya que todo será para su beneficio. Solo regale a esa persona en el caso de sentirlo genuinamente, no por ostentación o para sacar partido del vínculo. El oráculo percibe que finalmente usted obrará con sinceridad y que eso le aportará grandes satisfacciones. Usted y su obra relumbrarán.

Línea superior: La reorganización está terminada. Usted se ha superado a sí mismo lo necesario. No intente nuevos cambios. Una vida simple y moderada le dará ocasión para experimentar plenitud y felicidad.

XXIII
PO
LA DESINTEGRACIÓN

El Kua

La evolución de los acontecimientos en su vida le ha puesto en esta circunstancia ante la cual se vislumbra una suerte de ruptura o separación, una separación en el campo de los vínculos y relaciones más asertivos con los que usted cuenta.

Puede tratarse de una inminente segmentación de sus colegas, empresas y establecimientos laborales, una separación que tiene visos de abrupta y casi inevitable. Por otra parte, este Kua puede indicar que en esta etapa de su vida usted se formula serios cuestionamientos sobre la oportunidad de continuar realizando su labor actual, no encuentra suficientes razones para hacerlo o bien las decepciones y la frustración le tienen cercado y usted está a punto de dejarlo todo y de buscar otra cosa para hacer. En este caso específico, la Tradición le recomienda tomarse un tiempo, un tiempo para reflexionar y meditar sobre todo lo actuado y las implicancias que ello ha tenido y tiene para su vida moral y espiritual.

No debería arrojarse al vacío sin una previa y meditada consideración de los hechos, sin darse un tiempo para serenar su mente y su corazón y evaluar con justicia, justipreciar, la dimensión de su trabajo, más allá de las eventuales e inevitables decepciones y frustraciones que cualquier emprendimiento produce a lo largo de la vida. El Kua indica que usted estaría a punto decidir el final de una etapa, al menos de la actual, de aquello que en estos momentos se encuentra realizando. Como fuera dicho, antes de saltar al vacío, debería reflexionar y contar con el tiempo y sus procesos silenciosos para definirse.

Como usted se encuentra representado por la línea positiva en la cumbre del hexagrama, aun su posición relativa es poderosa y en el caso de que lo que estuviera por ocurrir fuera el fin de un vínculo profesional, de una relación gestada y sustentada a partir de su trabajo, cuenta con un margen de acción no demasiado gravitante pero lo suficientemente incidente, para examinar la situación y considerar las medidas a seguir a fin de que lo inevitable no tenga visos de dramatismo ni deje secuelas dolorosas de las cuales podría lamentarse más adelante.

Dado que su situación al tope del cuadro es sugestivamente influyente, usted se podría beneficiar si ofrece ayuda o se pone a disposición de los eventuales subalternos o enfermeros, de personas que en alguna medida ven por usted y se encuentran a su servicio no cumpliendo tareas específicas respecto a su especialidad. Esta opción lo posiciona positivamente ante los eventos que habrán de sobrevenir, de forma que no es para nada desdeñable. Más allá de la desintegración de los vínculos, esta decisión le ayudará a conservar su sitial influyente y, al menos para un número significativo de personas, su buena reputación. Más allá del inevitable desgaste y aun menoscabo, manténgase ecuánime y realista.

Las líneas

Línea de base: La crisis se ha iniciado y la denostación, ya sea de colegas o producida por la oscuridad de su propio pensamiento, irá ganando intensidad e influencia a medida que pase el tiempo. La forma adecuada de enfrentar esta situación es la calma y la reflexión y en casos específicos la modestia, el perfil bajo y el no asumir un papel protagónico en el cuadro que está teniendo lugar. Sea fiel a lo más noble que vive en su interior.

Línea 2: La maledicencia y el menoscabo han llegado a un punto extremo. Conserve la calma y por sobre todo no haga ostentación de su contrariedad ni enfrente activa o violentamente al adversario y al maledicente. La falta de respaldo que asoma en estos momentos lo pone en una situación extremadamente crítica y vulnerable. Si propone alguna vía para negociar o concertar quizás obtenga un ligero beneficio.

Línea 3: Tal parece que sus allegados tratan de boicotear o menoscabar a la única persona en la autoridad que conserva rasgos de honestidad y eficacia. Debe estar cerca de esa persona y aprender de ella la abnegación y la buena voluntad. Aunque en principio no resulte en cambios concretos, apoyar a los directores que actúan correctamente siempre es el camino apropiado.

Línea 4: La fuerza de la desintegración ha llegado a un punto del cual no se puede retornar. La desventura le alcanzará. Sobrelleve esta adversidad apelando a lo más noble y valioso con que cuenta en su vida interior. Examine para ello su mente y dele una oportunidad a la práctica de la reflexión.

Línea 5: En este cuadro usted es el líder y le ha brindado su respaldo a la persona a la que socavan. Emplee la energía para disuadir a los transgresores. Esa actitud le aportará respetabilidad y un relativo éxito. Ahora bien, si usted mismo ha sostenido a las fuerzas de la desintegración, ha llegado la hora de apartarse de ellas y dejarlas a su propia merced.

Línea superior: Al mantenerse fiel a sus principios y haber actuado con nobleza y dignidad en esta encrucijada, ha superado la prueba y ha propiciado que las fuerzas de la desintegración se retiren y todo vuelva a la normalidad. Como efecto de esta conducta experimentará una enorme buena fortuna.

XXIV
FU
EL RETORNO DE LA LUZ

```
———   ———
———   ———
———————
———   ———
———   ———
———————
```

El Kua

Aun las personas más conceptuosas y equilibradas, cualquiera sea la disciplina laboral que hayan emprendido, en varias ocasiones a lo largo de la vida caen en la oscuridad. Oscuridad moral, negritud mental, ambigüedad en las relaciones y la creciente impresión de que una sombra nubla la visión y la concentración, incluso volviendo la vitalidad sumamente magra.

En estos momentos en que el poder de la fuerza interior vuelve a surgir, que el sol de nuestra empatía, el sol de nuestro magnetismo vuelve a irradiar a pleno sobre nosotros, es el tiempo de trabajar en dos líneas de forma aplicada y consistente. En primer lugar, ya que es el punto más importante después de todo, uno ha de elevar su mirada hacia los valores perennes, hacia las esferas radiantes del juramento profesional, cualquiera sea la concepción que usted abrigue sobre estas formas superiores y filosóficas. Una vez establecidos en esa atmósfera de plenitud, integridad y equilibrio, se encomia la propicidad de volver a intervenir en los trabajos a medio hacer, en rehacerlos o completarlos.

Ha llegado el tiempo de restañar las heridas en los vínculos con nuestros mentores, con colegas y viejos clientes a quienes dejamos de prestar atención, ya que la gloria de la luz superior señalará a las claras el camino de la reconciliación. Es hora de fortalecer nuestra relación con los destinatarios de nuestros afanes profesionales, procurando prestar atención genuina a sus comentarios y críticas, dando lugar a un espacio de reflexión a partir de todas y de cada una de ellas: nuestra mente se encuentra en las mejores condiciones para sintetizar esos pareceres y resumirlos, sintetizarlos, en una quintaesencia operativa, en soluciones nuevas y cristalinas para resolver los problemas.

De cualquier forma, como el Kua anuncia el regreso de la luz, de la fuerza interior, de la claridad mental, no es tiempo aun de desplegarse irresponsablemente. Paso a paso, interviniendo en las tareas no concluidas, corrigiendo, reforzando o rehaciéndolas, iremos recreando el paisaje interior, el paisaje interior que ahora luce como un amanecer, como una nueva solación que demanda de nosotros cuidados y detallada atención, Por sobre todo plena atención, minimalista y feliz, plena luz en la acción.

Las líneas

Línea de base: Se ha alejado del camino de la justa apreciación de los valores fundamentales. Cambie la línea de actividad inmediatamente y recobre el foco que antes lo propulsó a la gestión de la tarea. La opacidad mental, la fuerza de la oscuridad no puede afectarle en la medida que no concentre sus pensamientos en ella. Focalícese en el concepto iluminación.

Línea 2: Se ha apartado del sendero de iluminación, ha atravesado el umbral de la oscura depresividad. A menos que retorne ahora, con el naciente impulso de la luz interior, al terreno de la acción, lamentará que sus trabajos terminen de forma insatisfactoria y que sus relaciones se enturbien y anulen por su dejadez, debido a la escasa atención y solicitud que les prestó.

Línea 3: Esta línea indica que usted es una persona ambigua, que duda ante cada paso a dar y tiene una cierta inclinación a seguir los llamados tentaculares de la opacidad y negrura psicológica. A pesar de todo, en estos momentos ni usted ni su actividad sufrirán consecuencias cataclísmicas. Vigile su mente y su corazón.

Línea 4: Se vincula con colegas y gente de su ambiente carente de principios éticos consistentes. Su trabajo está siendo carcomido por las secuelas naturales de semejante filiación existencial. Examine cada una y todas sus relaciones y aunque las consecuencias de este errar lo alcance, es posible que ingresando a la esfera de otros especialistas mejor inspirados y nobles se evite el desastre y pueda continuar su actividad libre de semejante error.

Línea 5: Tiene una posición influyente y casi ejemplar, pero se ha estado relacionando con individuos carentes de envergadura ética y procedimental. Si bien las consecuencias de estas equívocas relaciones no se evitarán, al menos si intenta poner orden y equilibrio en su mundo es posible que el daño y el descrédito que podrían llegar se vean apreciablemente atenuados y usted consiga sortear estos momentos con un relativo margen de éxito.

Línea superior: Se ha alejado dramáticamente de la actividad correcta de la profesión. Ya es demasiado tarde. Usted y sus camaradas experimentarán desprestigio y posible humillación. Debería detener las actividades en curso al menos hasta que este cuadro negativo y perdidoso pase. Cambie, renueve su vida y su mente y vigile la justa oportunidad para volver a entrar en acción.

XXV
WU WANG
LA INTEGRIDAD

‾‾‾‾‾‾‾‾‾‾‾
‾‾‾‾‾‾‾‾‾‾‾
‾‾‾‾‾‾‾‾‾‾‾
‾‾‾‾ ‾‾‾‾
‾‾‾‾ ‾‾‾‾
‾‾‾‾‾‾‾‾‾‾‾

El Kua

Al iniciarnos en el arte médico por lo general carecemos de una clara y definida intención, de una visión abarcadora y lúcida acerca de hacia donde nos encaminamos y en qué dirección apuntaremos nuestra energía y la destreza y penetración que vinieron con nosotros al mundo. Ahora bien, cuando oscurecen nuestra mente intenciones de dominio y manipulación y quedan de lado las entusiastas intenciones originales, cuando buscamos volvernos revulsivos sociales y afectar la naturaleza, el curso de la acción, por medio de la agresividad, la manipulación forzada, innecesaria, el contraste escandaloso, las formas más adolescentes del oficio, pues por natural consecuencia nos arrojamos al costado más duro de la vida social, de un mundo que impulsa al excéntrico compulsivo pero paralelamente lo destroza y lo anula.

Si alcanzamos a llamar la atención por medio de la ostentación, la pedantería, la vanidad y el exhibicionismo más grosero, nuestros ocasionales aduladores continuarán por su cuenta contaminando el mundo y harán de nosotros un portaestandarte del desorden y de la oscuridad. Al manipular vidas y voluntades, fundamentalmente voluntades jóvenes e inexpertas, ansiosas de soluciones clínicas aceleradas, métodos mecanicistas y respaldados en la deslumbrante proliferación de la tecnología deshumanizada, habremos de agotar nuestra energía en el esfuerzo por sostener la lealtad incondicional y edificar nuestro mito, nuestra propia leyenda de médicos esnobs orientados al éxito monetario, a la gran decrepitud moral. Si la vida nos pusiera por imperio de la incomprensión del mundo en tal condición y si no hubiéramos apelado a nuestra voluntad para conseguirlo, el mal es considerablemente menor, no así cuando el propósito manipulador estuvo o está en primer plano.

El oráculo recomienda examinar nuestra voluntad, nuestros medios y si es necesario purificarlos, depurar nuestra mente y nuestra sensibilidad de toda complacencia con las formas antojadizas y viciosas de conducta y orientación existencial. Todo en la justa medida, incluso el casi inevitable alarde de aggiornamento aparatológico y profesionalidad, no produce necesariamente resabios ni consecuencias alarmantes, pero una vez que se excede la natural integridad, los límites que impone la vida, que fija la naturaleza, pues el desdoro y el caos son la consecuencia inevitable y fatal.

Un líder, un curativo modélico puede contar con bastante más que ínfulas transgresoras y predadoras. Un médico inspirado obra por ósmosis, impregnando la vida con la luz que el sol de su alma le proporciona en todo momento o, en cualquier circunstancia y a despecho de la mundana opinión, del fetichismo y esnobismo cultural prevalecientes.

Este Kua anuncia una desventura inesperada, es cierto, pero las consecuencias se pueden ver atenuadas dependiendo del uso y redireccionamiento de nuestra condición de ser de tipo auxiliador.

Las líneas

Línea de base: La razón de ser de su conducta, la fuente de su inspiración, de su quehacer creador es genuina. Esa pureza de propósitos y medios le traerá avances y una considerable buena fortuna.

Línea 2: Ostenta una posición influyente y relativamente fuerte. Si persevera en su modalidad de acción y en la vía escogida para el relacionamiento con la ciencia médica, el público y sus supervisores, se asegurará un continuo flujo de oportunidades y de resultados satisfactorios. Aun así no descuide en lo más mínimo los motivos que lo impulsan a la ejecución de sus tratamientos: de la transparencia y pureza de estos depende en gran medida la continuidad de los éxitos.

Línea 3: De una forma para usted inexplicable sobreviene la desventura. Como efecto de ciertos movimientos casi imperceptibles de su vida y de la correlación de fuerzas con el resto de los individuos conectados con usted, le llegará una fuente de dolor, incluso un eventual fracaso o pérdida. No se desaliente por ello, asuma su valor universal, más allá de las circunstancias pesarosas que habrán de ponerle a prueba a fin de extraer de usted lo mejor, las mejores aptitudes, la abnegación y la renuncia, factores claves en su futura reconstrucción.

Línea 4: Deje de lamentarse de una pérdida o del abandono de una amistad o de la bendición de un sector de su clientela. Usted tiene un valor que se sitúa más allá de las peripecias de la vida. Examine sus propósitos y redoble su vocación de realizar con entrega absoluta su labor.

Línea 5: Se encuentra ante una situación ríspida o difícil de la que usted no es directamente responsable. Todas estas coyunturas desfavorables relacionadas con la sinergia de fuerzas colectivas también habrán de dar curso a cambios y nuevas oportunidades compensatorias. No tome medidas extremas ni precipitadas para armonizar los hechos. Confíe en la vida y en sus caminos. Tarde o temprano su arte y el mundo en el que se mueve le admitirán tal cual es y sin más.

Línea Superior: Las ocasión de actuar y transformar las cosas ya pasó. Aunque desarrolle nuevas disciplinas terapéuticas con austeridad y sanos propósitos, estos tiempos no son de realización. Esté atento y sobrelleve la dificultad con dignidad. No bien advierta señales de cambio, vuelva a consultar al oráculo.

XXVI
TA C'HU
PRONUNCIADA LIMITACIÓN

_____
_____ _____
_____
_____ _____
_____
_____

El Kua

Siente que es el momento de imponer sus ideas, de exhibir ruidosamente su consultorio, de mostrar su idoneidad; en pocas palabras se ha propuesto realizar un avance a cualquier precio. En estas circunstancias, de intentar llevar adelante semejante embestida, sufrirá las consecuencias de un ciclo de limitación. De severas restricciones y debilitamiento de su gravitación dentro del circuito de artistas y gestores culturales que frecuenta.

Si intenta propulsar su actividad ahora recibirá el desaire y la consiguiente frustración. Aguarde hasta que la causa de la limitación haya dejado de pesar sobre usted y su trabajo, incluso espere hasta que el impulso emocional que le sugiere avanzar haya cesado y la luz de la razón lo vuelva a encaminar, en medio de estos tiempos de dificultades y una cierta parálisis en cuanto a la posibilidad de colocar o comercializar sus obras.

En términos generales, los períodos de limitación como el presente son ocasiones propicias para estudiarse y estudiar el alma humana, no solamente mediante la introspección, la reflexión y la práctica del silencio, sino a través de una pesquisa de los libros más enjundiosos sobre su profesión y sobre el superior arte de vivir. Explore cuanto pueda en la forma en que sus predecesores, incluso los más antiguos, abordaban las fases del tiempo, es decir, la propicidad y la desgracia.

Vuelva a examinar sus propios valores, aquellos que le han sostenido hasta este momento. Examine si en el cuerpo de principios y reglas de juego que usted ha escogido no existen vacíos o carencias, fragilidades filosóficas y técnicas. Es el momento adecuado para realizar este examen a fondo y rescatar lo rescatable, prescindiendo definitivamente de las cosas accesorias que conspiran contra su realización como ser humano y como profesional de la salud.

La renovación diaria, el cambio, el dar lugar a ajustes y transformaciones en su forma de ver las cosas y en su perspectiva sobre la vida le ayudará en una medida que ahora no es capaz de visualizar.

Por otra parte, en estos tiempos en que el flujo de las acciones privadas se ve cercado, busque apoyo y extienda su trabajo a actividades vinculadas con lo oficial, con hospitales públicos inclusive: allí sí están las puertas parcialmente abiertas.

Por extensión también recogerá amplios créditos si ayuda a otras personas, a otros colegas a salir adelante, a ganarse la vida, si los inicia o entrena con modestia y anónimamente.

Cuando este ciclo haya pasado, cosa de la cual usted se apercibirá a todas luces, avance con el proyecto asistencial que ahora tiene entre manos o dedíquese a la factura de algo enteramente nuevo: inaugure el próximo ciclo que advendrá con la excelencia de su talento y de su perseverante labor regular. No dude, incluso en innovar, en innovar de verdad. Prepárese para el cambio. Dé el salto inaugural.

Las líneas

Línea de base: Estable y en una buena posición, pretende realizar un avance, ya por su cuenta o en compañía de otros colegas. Surge la amenaza o intimidación de alguien que ocupa un rol muy influyente y poderoso, que intentará detenerlo. Frene sus impulsos y mida sus acciones. Dedique este tiempo de contención en cultivarse internamente a la espera de la oportunidad propicia.

Línea 2: Aunque cuenta con una condición de fortaleza, esa persona poderosa hará todo lo que esté a su alcance para detenerlo, se opondrá a sus intenciones de despegue. Refuerce su vocación a la superación personal y al perfeccionamiento, ilústrese, investigue, use su tiempo de inacción de una forma también creativa. Más adelante tendrá su oportunidad.

Línea 3: Cuenta con la fortaleza y las condiciones necesarias para avanzar en compañía de un colega o socio. Esta persona es contemplada comodotada de una gran respetabilidad. Sin embargo algún obstáculo puede interferir en su intento. Es un tiempo benéfico para viajar o emprender un nuevo proyecto. Pronto las puertas se abrirán para usted una vez más.

Línea 4: Tiene la confianza de su representante o mentor, pero alguien nuevo de su entorno alguien que quizás busca su cuota de influencia y poder personal intentará interferir con sus planes. Más allá de esta enemistad o intromisión, usted puede avanzar si toma en cuenta la naturaleza conflictiva de estos tiempos y especialmente si está atento a la justa oportunidad: el momento preciso para dar a conocer su actividad. Es cuestión de aguzar su intuición.

Línea 5: Aquí usted concentra la atención y recibe el tratamiento de un médico en jefe. Algún subordinado o persona adscripta a trabajos laterales conectada con usted y con su actividad puede tratar de bloquearlo. Si aguza su sentido de la proporción, seguramente podrá adoptar medidas de emergencia y actuar. Este modo de comportarse le conducirá al éxito, sobreponiéndose al contradictor y a sus planes. Examine detenidamente las cosas y tome decisiones, nunca basadas en el afán de revancha o en la búsqueda de sojuzgamiento o sometimiento del subordinado contradictor.

Línea superior: El tiempo de la contención llegó a su final. Ya no hay limitación que pueda frenar su avance. Si despliega su creatividad de una forma noble y audaz seguramente alcanzará el éxito y el reconocimiento más edificantes.

XXVII
I
LA ALIMENTACIÓN

El Kua

Este hexagrama le ofrece pautas y consejería sobre la forma en que recomienda y obtiene los alimentos a partir de la prescripción de sus regímenes, de sus recomendaciones sobre el trabajo interdisciplinario con nutricionistas y fundamentalmente cómo de todo ello usted recibe una contención o su sostenimiento material, moral y espiritual. Todos estos aspectos están concentrados en la expresión «alimentación": la más completa gama de recursos nutricionales, morales e ideales que entran en juego en el subvenir sus necesidades como médico y como unidad humana, natural y espiritual que trabaja mancomunadamente en pos de una meta trascendente y superior.

En principio le sugiere que cuando asista a otros colegas, médicos en jefe o personal de enfermería, al público que depende emocionalmente de sus productos y les proporcione directa o indirectamente «alimentos de rescate», evite debilitarlos o volverlos excesivamente pendientes y dependientes de usted. No cree esclavitud al prodigar su genio, más bien extienda la llama, compártala, comparta el fundamento de su talento en la forma más amplia y generosa sin debilitar o volver cautivos emocional y mentalmente a los actores, de la cadena de la prevención y asistencia. Cuando sus obras eduquen, potencien y por qué no gusten, cuando se extienda el poder y el talento a partir de una acción singular, entonces estará proporcionando una especial calidad de alimento de orden preventivo y medicamentoso.

Análogamente, cuídese de excesos en el tomar para sí beneficios o privilegios, no actúe pantagruélicamente con la provisión de gratificaciones que devienen de su actividad sanadora. Sea moderado y ecuánime.

No permita que otros vivan proveyéndole préstamos de dinero o subvenciones; no dependa ni del estado y sus concesiones esclavistas ni de particulares necios pero deslumbrados, para su sostenimiento. Evite abusar de la buena fe de los demás. Esto no significa que no debe aceptar regalos o premios, presentes o atenciones, sino que no deben ser todas estas el centro, ni la fuente principal de sus recursos. No cree más dependencia ni esclavitud, libere las mentes y los grupos humanos obteniendo sus propias fuentes de ingresos genuinos, no necesaria ni únicamente a través de su arte: si es necesario adecue su vida y su forma de obtener el sustento a la realidad diaria y a las notorias dificultades con las cuales un médico artesanal de las presentes generaciones se ha de enfrentar. Sea creativo también en la elección de un trabajo paralelo para sobrevivir. Sea siempre un sanador vocacional.

Si respeta la insinuación y el consejo de este Kua vivirá lo que haya de vivir con todas las necesidades cubiertas y alcanzando una cuota de libertad personal y de expansión inusitadas, para las que, ciertamente, no todos los prácticos en la medicina están preparados.

Una apreciable buena fortuna y éxito acompañan a quien practica una recta forma de obtener sus medios de vida.

Las líneas

Línea de base: Tiempo atrás usted subvenía sus necesidades de forma adecuada, con independencia. El problema radica en que ha terminado por obtener su fuente de ingresos y beneficios de personas e institutos que le han secuestrado su autonomía y eventualmente su dignidad. Por este camino es probable que pierda alguna oportunidad buena y real, algún amigo genuino y que llegue a usted una importante desventura. Haga todo lo que esté a su alcance para cambiar la orientación de su vida.

Línea 2: El sendero luminoso del terapista es desarrollar actividades correctas y nutricias para conseguir los emolumentos necesarios para vivir. Usted no ha seguido esta consigna. Busca que el estado, institutos e inversionistas especulativas o de escaso nivel moral lo mantengan, de una forma poco noble. Esto es algo indigno y si persiste en esta actitud sólo puede esperar más desventura.

Línea 3: Sólo busca saciar su apetito de goce y gratificaciones materiales y sensoriales. Esto lo ha convertido en alguien indigno ante sí mismo y lo ha empujado a una segura situación de desdicha. A la pérdida de oportunidades de obtener efectivos y nobles trabajos.

Línea 4: Sus propósitos de asistir y beneficiar a sus colegas, socios, mentores y al público son valiosos. Persista en este camino. Busque personas capaces de apoyarlo en esta empresa. Su integridad le procurará satisfacciones. Multiplicar la solidaridad y el compromiso con colegas en desgracia o principiantes, es un acto de genuina humanidad. Obtendrá recompensas morales y nuevas oportunidades.

Línea 5: Aunque es un líder, un paradigma en su especialidad, carece de recursos y fortaleza para ayudar a otros colegas y próximos. Se recomienda buscar ayuda. Ahora sí, de una persona pudiente o de alta posición social. Sus metas no han de ser excesivamente ambiciosas si desea situar esa persona. La modestia y la integridad le acercan al éxito.

Línea Superior: Adquirió el compromiso de sostener a otros. Esto entraña riesgos, ciertamente. Es recomendable en este caso concentrar su mente en este objetivo, tener en cuenta los riesgos y no abandonar su vocación de auxilio. Cualquier plan noble y altruista que abrace en estos momentos será una bendición para usted.

XXVIII
TA KUO
EXCESO

El Kua

Ha empleado su cuota parte de influencia y poder personal de una forma desmedida, ha impuesto ideas y acciones con cierta imponencia y desconsideración hacia sus colegas, mentores y clientes. Todo ello traerá aparejado un fuerte desequilibrio en su situación profesional y personal. Antes de que el desastre llame a su puerta es preciso corregir ese desequilibrio, implantar las medidas correctivas necesarias y asumir los costos de su desmesura y ostentación.

En el texto clásico se compara la situación a la de una casa cuya viga central se está arqueando, cediendo ante un peso abrumador impuesto por la concentración de la carga en el centro –en el yo personal–, y por extremos demasiado frágiles en la techumbre. Es indicativo de una gran urgencia por cesar de imponer su voluntad egoísta a cualquier precio e intentar remediar la situación, distender la crisis emergente, resultado de su proceder inadecuado y excesivo.

Quizás la situación presente requiera de soluciones, de medidas extraordinarias. Usted será capaz de medir la magnitud del desorden que desencadenó. Seguramente sus colegas, sus mentores y sus clientes le harán saber de su disgusto o de las consecuencias negativas que su conducta acarreó para ellos. Está en condiciones de hacerse cargo de la responsabilidad evidente que tiene ante esta crisis, que para usted podría ser inesperada, precisamente porque estuvo demasiado concentrado en su fortaleza personal, en la erección de su propio yo, de su imagen o leyenda particular. Es preciso valorar con justicia cuán necesaria es esa autoimagen victoriosa que ahora ostenta, cuánto lo ayuda en el proceso de desarrollo de sus potencialidades humanas y artísticas. No deje que la fuerza que imprimió, la voluntad y la pasión con las cuales obtuvo resultados de todo tipo, eventualmente satisfactorios, monetaria o públicamente, lo cieguen. Usted ha de ser dueño de sus actos y de su destino y para ello procede el remediar, el adoptar cambios y una nueva mitrada respecto a su actividad y a su círculo inmediato.

Es necesario que adquiera conciencia de la situación. Una vez que así lo haga, toda medida de balance y corrección que adopte para darle respaldo a su vida y a la vida de sus circunstantes, presumiblemente le conducirá al éxito. Contemple esa segura alternativa con un razonable grado de optimismo. De ser necesario busque ayuda para reencaminar las cosas, seguramente la encuentre en el lugar que usted intuye con bastante precisión. Pero si no está dispuesto a involucrar a otras personas o instituciones, lleve a cabo los cambios por sí mismo, solo, que igualmente resolverá positivamente las cosas.

En todo momento conserve una actitud positiva, práctica y no pierda su optimismo. A pesar de lo crítica de la situación, este es un kua que anticipa un éxito consistente.

Las líneas

Línea de base: Las iniciativa que acaba de comenzar requieren de un especial cuidado, particularmente cuando en la ejecución entra en juego y en gran medida la improvisación. Se recomienda ser cuidadoso y sumamente adaptable, flexible, en estas instancias de la elaboración del proyecto. Es bueno evitar el exceso de imponencia o la confianza ciega en sí mismo al iniciar la actividad; no más excesos ni líneas de fuga ilimitadas. Control y cautela.

Línea 2: Al ingresar a un período en que se renueva el poder y la excelencia que antes ostentaba, ha de ser muy cuidadoso. Relájese antes de emprender el trabajo, descanse y aliméntese saludablemente. Ahora que se renueva el flujo de las oportunidades debe de evitar sobre todo los excesos y las exageraciones: ni manierismos furiosos ni exhibicionismo. Si cuida sus pasos le irá bien.

Línea 3: Abusó de excesos y pasiones y en consecuencia recogerá lo esperado, es decir, adversidad y limitaciones. Ni los colegas ni los amigos le servirán de ayuda en estas circunstancias. Adecue su conducta, armonícese, siempre sabiendo que estas medidas tardías no conjuraran todos los peligros.

Línea 4: Los excesos le han llevado a un gran desequilibrio. Pero recibe una ayuda inesperada de una fuente externa, eventualmente desconocida. Si este socorro proviene de dependientes o personal subordinado, extienda los beneficios de la misma a todos. Más allá de las medidas correctivas que adopte ahora, no podrá eliminar las consecuencias negativas de su ostentación de poder personal.

Línea 5: Un trabajo considerado improductivo o un vínculo que usted piensa no cuenta con ninguna utilidad, comienzan a recobrar influencia e interés. Esté muy atento. Aunque el empuje y la vitalidad de este resurgimiento es muy impresionante, tenga presente que el mismo tendrá poca duración. Los excesos vividos fuerzan estos resultados. No está señalado especialmente algún tipo de fuerte adversidad.

Línea Superior: Usted debe continuar con su trabajo regularmente, pero como ya es demasiado tarde, eventualmente experimentará algún tipo de frustración o de fracaso. Cálmese y persevere en el cambio interior. La Vida lo premiará en el futuro con creces. Cada comienzo es un final, cada final es un nuevo comienzo.

XXIX
K'AN
EL ABISMO

El Kua

El cuadro advierte sobre la aparición de una situación peligrosa, de un cuadro de riesgo objetivo, de una amenaza o presión proveniente de una o más fuentes externas. En muchas ocasiones el estar advertido de un inminente riesgo nos prepara para el mismo y nos permite asumir conductas o tomar decisiones que terminan por atenuarlo, eventualmente resolverlo de una forma positiva. De cualquier manera, por tratarse, en este caso, de un cuadro crítico, aunque no logre trascenderlo realmente, la enseñanza le recomienda predisponerse efectivamente para vivir con la causa del problema, aprender a aceptarlo y a integrarlo, de la forma más saludable y sabia, a sus circunstancias de vida.

Esta amenaza no siempre se expresa de forma destructiva, puede forzar una respuesta constructiva, una actitud de alerta y de prudente expectación, todo lo cual transforma los hechos en ponderativamente nobles y positivos. La tensión reinante en la atmósfera personal y circundante nos fuerza a refinar la percepción, a agudizar la capacidad sensitiva, preparándonos para confrontar, para lidiar con los hechos una vez que estos se desencadenen. Estos eventos, los expuestos por el Kua, reclaman un abordaje adulto, comprensivo y enérgico; la necesidad de fortalecer nuestra vida privada y pública, los lazos que nos unen a nuestros colegas, jefes y clientes y la adopción de una visión de emergencia, apropiada, sensata, con vistas a dar lugar a una segura evolución y trascendencia de la situación.

En la medida que reconozca las aristas ríspidas del peligro, es ventajoso informar a sus próximos sobre esos particulares. No es recomendable ocultar la información por más buenos motivos que uno crea poseer. Es hora de poner en disposición resolutiva a todos sus vínculos. De esta forma y trabajando coaligadamente, la resolución de las condiciones riesgosas estará en manos de todos y con ello la posibilidad de sortear la amenaza y derivar hacia tiempos nuevos y fecundos, ya en la actividad creadora como societaria.

Este hexagrama se conoce como «el abismo» o «la fosa» y nos previene sobre la ventaja de evitar hundirnos en la depresión antes de advertir por completo su presencia y de esa forma no actuar temerariamente avanzando de forma poco juiciosa.

Cuando uno descubre una honda depresión, la fosa en su camino, debe adoptar medidas de emergencia y no lanzarse locamente a emprender acciones incluso más riesgosas que la amenaza misma. Usted debería mantenerse muy atento para discernir la causa generadora de este cuadro de peligro. Una vez que descifre esas razones interiores de la situación, se preparará convenientemente para enfrentar los hechos y así salir victorioso del desafío.

Una vez que examine a fondo las circunstancias, cualquier acción que emprenda resultará favorable.

Las líneas

Línea de base: Se aventuró más allá de lo prudente, trasgredió las reglas de la vida respetable, su juramento, y ahora se encuentra ante la fosa, ante el abismo, corriendo severos riesgos de precipitarse en él. La dilapidación de sus recursos y de su energía le ha dejado en una condición de fragilidad, de debilidad. Lo poco que puede hacer ante la crisis objetiva e inminente es asumir los hechos con abnegación y con una elevada dosis de resistencia consciente. Aunque le alcance la desventura, intente no perder por completo la calma y practique la renuncia y el desapego hasta donde sus fuerzas se lo permitan.

Línea 2: Conserva su propia fortaleza y quizás un margen de poder o autoridad, pero todo ello no impedirá que el peligro le alcance. Debido a su estatura es esperable algún pequeño resultado o logro positivo. Utilice su poder para sobrevivir al peligro y restaurar lo que pueda ser recuperado. No intente acciones heroicas que en esta situación apenas revelarían una gran necedad.

Línea 3: El peligro está sobre usted. Aunque piense que ha de hacer algo, lo adecuado es esperar. Meditar y esperar. Se aproxima la ocasión para salir del peligro. Cuando la perciba, recién entonces actúe con valor.

Línea 4: Al estar cerca de alguien con gran autoridad y elevación el camino es ofrecer su asistencia y ayuda, su apoyo, sin esperar reconocimientos ni ventajas de esta situación. Si actúa sin esperar resultados, a la larga recibirá grandes reconocimientos por ello.

Línea 5: Aunque el peligro no es fatal, aún puede afectarlo. No adopte medidas demasiado enérgicas en estas circunstancias. Puede que su ambición, su codicia, generaran estos hechos críticos en el presente. Cuando la amenaza se comience a apagar no adopte medidas demasiado enérgicas: terminarán por agotarlo y no resolverán constructivamente los problemas.

Línea Superior: El peligro no puede ser eludido. De pronto fue ocasionado por su codicia e imponencia personal. Aunque no podrá evitar la desventura, regrese al sendero del honor y prepare la vuelta del ciclo de la franca oportunidad.

XXX
LI
ADHESIÓN Y BRILLO

El Kua

Los seres humanos en general se aferran a las cosas que les han proporcionado oportunidades efectivas de progreso y superación, lo cual no significa necesariamente que todos se encuentren en condiciones de visibilizar las causas reales, las razones profundas de tales elementos productivos. Puede que usted entienda que su parcela de vocación noblemente honrada provenga de fuentes externas, aleatorias, de contactos, de movimientos diestros en el campo de las relaciones profesionales. De ser así, pues directamente se equivoca.

El Kua le sugiere que eleve la visión y perciba con nitidez las razones más hondas de su quehacer profesional, el empuje de su propia alma, la luz interior, el designio o destinación singular que lo ha transformado en un laborante inclinado a la factura de acciones resaltables dentro de su competencia.

Adherirse a lo más luminoso y preclaro de nuestra realidad en el mundo, a las causas eficientes de nuestra inspiración, equivale a decir que nos enlazamos conscientemente con el arquetipo de hacedor universal que vinimos a desplegar en el mundo: en otras palabras, con nuestra propia alma, con la fuente de empuje vital superior, con el instrumento de las fuerzas del espíritu apto para la hazaña gloriosa de la restauración de la armonía personal y mundial.

El presente hexagrama se encuentra formado por el doble sol, por el doble brillo y esplendor, por la naturaleza radiante de la mente y del universo y es de carácter poderosamente ascendente. Usted debería evaluar estas premisas trascendentales antes de definir en su interior respecto a qué elementos de su vida debería privilegiar ahora. En última instancia no debería de prescindir de la inspiración propia de los manuales de su oficio, de las instrucciones que alguna vez reconoció como plataformas de lanzamientos de valor incuestionable.

Nútrase de la quintaesencia del brillo moral y espiritual, ocúpese ahora de resaltar la luminosidad, la claridad y la transparencia en sus trabajos: es el momento y es la prioridad de los tiempos.

Usted está, todos estamos en la vida en proceso de aprendizaje. Una parte de este proceso lo constituye el compartir su propia luz, su especial forma de trabajar vocacionalmente. Comparta esa fase de la sabiduría interna con sus colegas, con los jóvenes, con los socios y amigos; destine su experiencia y saber a la promoción y enaltecimiento del resto de las mujeres y hombres afectados a todo tipo de actividades. Este es el acto, la práctica que cierra correctamente el círculo del aprendizaje y de la enseñanza en los tiempos del brillo y de la adhesión a la fuente de inspiración superior. Si sigue esta vía, le espera el éxito y la buena fortuna, sin lugar a ninguna duda.

Las líneas

Línea de base: Se encuentra ante un nuevo comienzo, es el punto de partida ideal para un nuevo proyecto. No se precipite, no sortee los pasos necesarios para darle acabado cumplimento a su plan de acción. En esta fase incipiente de su obra se requiere de sumo cuidado y percepción amplia, en perspectiva, de todo el recorrido, de la aventura. No queme las semillas por exceso de pasión o energía. Escuche su voz interior, no decaiga en la aplicación de carácter y rigor en la elaboración y factura de lo que tenga entre manos. Evite que su firmeza se convierta en agresividad u obstinación.

Línea 2: Muévase con ritmo y naturalidad y sin extremismos. En el comienzo de la gestación de su proyecto, una dinámica armoniosa

y ponderada le garantiza el éxito y la llegada a la meta sin contra-
tiempos mayores. Apele a su inteligencia, al brillo de su mente, para
establecer las bases de los futuros pasos a dar.

Línea 3: Algo morirá. Enfrente la situación con honor y con la seguridad de la travesía vivida y recorrida. Cada final propicia un nuevo
principio. No se lamente de su suerte: predispóngase para los cambios y la nueva oportunidad de vida futura

Línea 4: Es un artista enérgico. Esa fuerza le asegura un rápido éxito,
sin embargo no un suceso perdurable. Si desea hacer perdurables
los logros, aplique constancia, abnegación y si es necesario su dosis
de resiliencia ante las dificultades e imprevistos de su tarea profesional. Esta resistencia y constancia, esta regularidad le asegura una
extensa navegación en el mar de las seguras pescas y de los trofeos
de mayor monta y relevancia.

Línea 5: Obsérvese en su corazón. Sondee en su mente. Si es necesario reconózcase tal cual es, en la visualización de su pensamiento y
de las acciones de su pasado. Este nuevo conocimiento le otorgará
un gran poder, una aptitud inteligente y una mayor dosis de luz y
de inspiración. Haga de sus fracasos la forja de las obras por venir.

Línea Superior: Tiene la intención de arrojar luz sobre sus hechos,
pero se encuentra con individuos que le obstaculizaban el proceso.
Repliéguese o libérese de sus contradictores con un movimiento
maestro de simplicidad y renuncia, de esta forma la oposición concluirá. A sus incondicionales trátelos con energía y mando, evitando
de esta forma riesgos y agresiones futuras. Es el momento puesto
que cuenta con una gran claridad mental. Hágalo con honor y con
profunda ecuanimidad. Sea firme pero compasivo y la luz no dejará
de brillar.

XXXI
HSIEN
INFLUENCIA MUTUA

El Kua

Estamos ante un período en el cual la fuerza de atracción del universo administra su energía en su entorno personal, procurándole la proximidad, la cercanía y el apoyo de otros colegas. El poder atractivo de la naturaleza se está poniendo de manifiesto trayendo para usted, todo tipo de benéficas inspiraciones.

Paralelamente la vida ubica en su ambiente otros individuos y organizaciones afectadas a su campo de actividad, que pondrán a su disposición nuevas oportunidades y provechosas soluciones para encarar los desafíos que usted mismo se ha impuesto para esta etapa de su vida productiva. Influencias, conversaciones sobre los trabajos, viejas anotaciones, son todas ellas instancias señaladas bajo esta influencia. En términos generales, tales conexiones y coincidencias muestran una fase constructiva y útil, le favorecen poniéndolo en condiciones de volverse visible para el público. Es un momento fructífero para escuchar planteos y proposiciones de toda índole, ya que estas mismas oportunidades le proveerán de efectivos indicios de que las cosas comienzan a cobrar un flujo interactivo.

Evite actuar de forma arrogante o deshonesta, puesto que este proceder le predispone al fracaso o al desaprovechamiento de estas coyunturas vinculares propicias. Examine los motivos que le impulsan a la acción y deshágase de objetivos cortoplacistas y auto-centrados.

En estos tiempos de influencia mutua y atracción le resultará asaz sencillo el reclutar subalternos o consolidar relaciones con otros colegas en armonía con su particular línea de actividad, de modo que agradezca a la vida la ocasión favorable que le propone y actúe con ecuanimidad y amplitud, ya para no dejar pasar las oportunidades como para evitar bloquearse en su afán de crecimiento y suceso.

Ha de ser abierto y receptivo respecto a quienes merodean su lugar de trabajo, a las llamadas y comunicaciones virtuales, puesto que a ciencia cierta detrás de esos movimientos se esconden positivas futuras relaciones, pródigas y susceptibles de servir en su camino como agentes del éxito profesional y humano.

Sea generoso y no pierda la discreción en una época fértil como esta en que asoma la nueva luz de los vínculos y que la tentación por actuar de forma descomedida no está en absoluto ausente de su vida. Permanezca atento y dispuesto a toda nueva interacción.

Las líneas

Línea de base: La atracción se encuentra en la instancia inicial. Actúe con naturalidad, sin exhibicionismos ni alardes de grandeza. Sea natural. Incluso si alienta, agasaja u obsequia a sus contactos siempre de una forma sencilla, las futuras circunstancias se mostrarán benéficas con usted.

Línea 2: La fuerza de la atracción se encuentra en expansión, de cualquier forma sea cauto y evite asumir compromisos o firmar contratos, al menos por el momento. Aguarde a que el vínculo se defina para alcanzar a advertir si es beneficioso o no para usted. Cultívese técnica y humanamente a la espera de la definición de las circunstancias.

Línea 3: Atravesará pronto una etapa en que entablará contacto con alguien de poder e influencia. Le resultará muy tentadora alguna de las propuestas que esta persona le acerque. Examínelas con cuidado. Existe la evidencia de que ninguna de ellas es ética ni materialmente favorable. Aprenda del ejercicio de la paciencia y la constancia y no desfallezca a la hora de descartar propuestas grandilocuentes pero carentes de verdaderos valores. Permanezca fiel a los mismos y todo se reordenará con el tiempo y casi sin esfuerzo.

Línea 4: Ha alcanzado a conectar con sujetos y establecimientos asistenciales con poder y autoridad. Sin embargo, lo mejor que puede hacer en estos momentos es profundizar las cualidades de su carácter y evitar todo intento de manipularlos o utilizarlos para su beneficio. El ejercicio de la cordialidad, de la amabilidad, con ellos y el resto de sus circunstantes será tomado con beneplácito por todos y esto a la larga jugará en su favor.

Línea 5: Alcanzó una posición relevante y muy influyente. Cuenta con mando y autoridad. Sus vínculos actuales abonarán el terreno de su éxito, especialmente si usted no abandona el camino del hombre de vida recta y laboriosa. El éxito le acompañará en su tarea siempre y cuando no renuncie a la práctica de la veracidad y la corrección, particularmente en el discurrir de las relaciones con los demás.

Línea Superior: Está cometiendo el error de intentar influir a los demás con ostentación de saber. Ha limitado su campo de acción humana al arte médico y en especial a la ostentación de una pretendida maestría. Esto le acarreará mala fortuna. Examine su corazón, sus razones escondidas y arriésguese a comunicarse por medio de acciones y gestos constructivos, más allá de las palabras falaces y grandilocuentes y de las más encendidas y exaltadas promesas.

XXXII
HENG
LO DURADERO

—— ——
—— ——
————
————
————
—— ——

El Kua

En principio, el trabajo que tiene entre manos necesita de tiempo y dedicación; su actividad debe ser considerada como algo perdurable y con vuelo, que le insumirá días y noches y al que deberá contemplar, encarar, dotado de unos cuantos valores y aptitudes fundamentales: a saber, perseverancia, constancia, dedicación, libertad interior para perfeccionar recursos técnicos que irán revelándose al cabo de la tarea concentradamente realizada.

Como necesidad perentoria mencionamos la concentración, el trabajo minimalista, casi religioso o meditativo. Si usted observa estas características subjetivas, temple interior, constancia y dedicación integral a su trabajo, los resultados serán inmejorables. Por cierto que esta recomendación trasciende el cuadro que expone el presente Kua, pero el hecho de que haya obtenido esta suerte, presumiblemente ha de servirle de advertencia y previsión: probablemente usted no ha tomado en cuenta la dimensión perdurable de su trabajo en general y de los casos que ahora tiene entre manos. El oráculo intenta respaldarlo con inspiración y estímulo, para que no desfallezca si el tiempo que le requiera es mayor al que usted desearía.

Acostúmbrese a trabajar con cuidado y ordenadamente, por grados, escalando la empinada cuesta paso a paso. El carácter del trabajo episódico y gradual es mucho más aleccionador e instructivo para el laborante que el pleno acierto ocasional, que la ráfaga fugaz de percepción y praxis, que el mero entusiasmo que así como se enciende se apaga.

En este entramado kármico es preciso aguzar la atención y definir el tratamiento con estudiada gradualidad, con regularidad, sin pasar por alto las señales que estos casos nos envían. Un profesional consciente sabe que su actividad lo interpela y que le demanda amén de interés y dedicación única, espiritual, responsable claridad y perspectiva mental, para aplicarse a hacer ajustes o cambios adecuados a la matriz metodológica, constructiva, al diseño del trabajo. No es bueno, nunca es bueno ya que se trata de una obra, de un quehacer duradero, el dejarse llevar por «modas o predicaciones» estrafalarias, por los caprichos del momento.

Trabaje sobre usted mismo en la misma medida que lo hace sobre sus pacientes, que la obra y usted se unan recíprocamente. Practique el diálogo interior concediéndolo a la vital energía que tiene en su mente y entre sus manos una condición magnética, eventualmente alternativa, que emane de su vocación más acendrada por la comunidad: radiación y síntesis de sus mejores aptitudes humanas y por qué no trascendentales.

Como es un pronóstico que indica larga vida y perseverancia, sugiere además la consecución de alguna forma de éxito o la realización de una parte de las demandas de su alma por medio del trabajo consciente, siempre a largo plazo.

Las líneas

Línea de base: No tiene paciencia y está apurado por completar y concluir la tarea. No es prudente en esas circunstancias trabajar compulsivamente ni intentar cincelar el caso con un solo movimiento. Nutra su actividad desde la semilla en la mente, actúe con la paciente firmeza de propósito de la semilla de bambú: el tiempo de consolidación subjetiva del plan de acción se traducirá en el correr del tiempo en un trabajo riguroso, noble y ejemplar. Haga las cosas con parsimonia, lenta y concentradamente y permita que el tiempo las madure y las delinee de forma acabada y final. De lo contrario el fracaso y la desventura caerán sobre usted y sobre su conciencia.

Línea 2: Ha superado hasta cierto punto la debilidad y encontrándose con fortaleza y afín a otros colegas y mentores profesionales, es bueno que se aplique a pequeñas tareas. Aún no ha llegado el momento para emprender un trabajo de largo aliento o muy exigente.

Línea 3: Usted adolece de carencia de carácter, temple y seguridad interior. Fluctúa en el mar de las emociones y no alcanza a definir sus búsquedas operativas. Esto hace que sea menospreciado y eventualmente humillado. Emplee su trabajo como instrumento de transformación del carácter. Crezca y madure con él.

Línea 4: Los objetivos que se ha trazado para el caso que tiene entre manos no encuentran coincidencia alguna con los tiempos. Es inútil e inadecuado que persista en esa línea, condenada en estas circunstancias al fracaso y a la decepción. Deténgase ahora y busque inspiración. Muy luego llegarán los tiempos propicios para trabajar en armonía en casos semejantes.

Línea 5: Ha alcanzado una estatura técnica y una capacidad muy grandes. Trabaje con energía, con fuerza, en la elaboración de su plan de trabajo y de su carrera profesional toda. Si no cede al desgano y a la abulia, los resultados serán muy buenos. Pero en la medida que deje de aplicar su fuerza-esfuerzo en la tarea emprendida, la desventura y el fracaso atravesarán su camino y puede que le hagan dudar de la oportunidad de la elección vocacional.

Línea Superior: Está trabajando con mucha impaciencia, de forma inmadura y precipitada. Si no alcanza la calma −vector del éxito perdurable− sus esfuerzos actuales le conducirán al error y consiguientemente al fracaso y a la frustración. Serénese, trabaje sin fechas límites, por el amor al trabajo sanador y no tras la consecución de metas ahora lejanas e inaccesibles. La paz es la hermana mayor de la claridad mental y de la sensibilidad más refinada. No lo olvide nunca.

XXXIII
TUN
RETIRADA

————————

————————

————————

————————

—— — ——

—— — ——

El Kua

Un velo de oscuridad afectará su natural poder de concentración, haciendo que sus trabajos no progresen resuelta ni luminosamente. No es tiempo de insistir en la aplicación de métodos que bajo este signo de opacidad y de retracción interior sólo acabarán por ser abandonados o descartados, eventualmente señalados como carentes de valor por sus contratantes.

En estos tiempos conviene aligerar la carga de trabajo en la oficina, el taller, y dedicarse positivamente a preparar el camino para el futuro y seguro resurgimiento de la luz interior, apelando a la relajación física y mental, el descanso, la cesación de los impulsos compulsivos. Se recomienda también apelar a la sabiduría del silencio y de la soledad, instrumentos efectivos que le procurarán al sanador un espacio de reflexión y evaluación juiciosa de estos tiempos, de lo vivido y realizado. Estos momentos de cavilación y reflexión, de alguna manera aportan un rayo de luz en este tramo de oscuridad, favoreciendo que, una vez que esta influencia de los tiempos pase, el profesional resurja con nuevo impulso, eventualmente más sabio y más experimentado. Recuerde que las experiencias de limitación o detenimiento del ciclo de las oportunidades son situadas por la vida en su camino a fin de procurarle un medio de aprendizaje y entrenamiento, fundamentalmente de autoconocimiento que, de otra forma quizás usted no abordaría voluntaria y conscientemente.

Es a través del repliegue, del camino indirecto que supone el retirarse temporariamente del escenario, que usted puede acariciar una cierta cuota de éxito. Si da lugar a que la naturaleza y los tiempos metabolicen la situación, usted emergerá sumamente potenciado de semejante circunstancia de oscuridad y retracción y los ejercicios en solitario con su conciencia servirán de sólido fundamento para la labor futura.

Ponga sus consultas y sus bienes a bien resguardo y aléjese del mundanal ruido. Este precaverse ante la segura aparición de la contradicción y la adversidad le permitirá luego, una vez que la sombra deje paso al sol interior, restaurar los trabajos, reiniciar las tareas. Existe un cierto riesgo de pérdida o extravío bajo esta configuración de los tiempos, de modo que retírese usted y sus trabajos del ámbito público hasta que sea del todo evidente que semejante cuadro existencial ha pasado.

Puede que una institución o una empresa le demanden su asociación, su contribución. Aunque esta oferta luzca tentadora, evite por todos los medios afiliarse a este grupo o institución. Permanezca seguro y estable en su lugar de trabajo y aguarde indicios, pautas y pistas de que la luz vuelve a emerger y que los cambios vuelven a hacer su labor, enaltecedora así en la estrechez como en la abundancia y el esplendor.

La oscuridad es mera ausencia de luz, no una entidad fatídica contra la cual deba luchar de forma agresiva y personal.

Las líneas

Línea de base: Carece de influencia y de medios adecuados para redondear su trabajo y alcanzar el éxito. Retírese cuanto antes del «campo de batalla», al menos no intervenga activamente en el mundo en que habitualmente se mueve en relación a su especialidad asistencial.

Línea 2: Su posición no es mala y cuenta con camaradas y amigos leales que siempre estarán dispuestos a acudir en su auxilio. Escuche sus consejos y recomendaciones, son atinadas. No es el momento de persistir en su propósito profesional; cuide sus bienes y aléjese de la situación. Puede que un dependiente o asistente le proponga asociarse. Quizás deba volver a consultar al oráculo, tras relajar su mente y depurarla de toda intencionalidad.

Línea 3: Está bien que retire sus propiedades de esta coyuntura existencial, pero evite dejar a sus dependientes y subalternos en situación de riesgo. Su deber es protegerlos, aunque no puede hacer mucho más, si bien esa conducta le resultará provechosa. Ante ofertas de asociación, no descarte establecer nuevas alianzas: sus valores no correrán riesgos. Tenga en cuenta que esa sociedad no será productiva en el sentido material, quizás el que usted desea ahora.

Línea 4: No ostenta un sitial influyente, su posición es frágil, sin embargo cuenta con una reserva de valor y de energía como para retirar sus obras y bienes de este cuadro de vida. No cultive los vínculos amistosos tampoco. Es recomendable la saludable experiencia de la soledad, de la intimidad y el silencio. De cualquier forma evite herir susceptibilidades y sentimientos si adopta esta postura. Quizás alguien sufra por esta decisión, decisión recomendada, sin embargo no resultará en grave perjuicio de su círculo personal.

Línea 5: Este es el momento de retirar sus creaciones y sus bienes del ruedo del mundo. Cuenta con la fortaleza y la claridad para hacerlo de una manera amigable. Actúe prontamente, sin demoras, en este sentido. Recuerde que es posible retirarse, replegarse sobre uno mismo sin ocasionar malestar o inquina, sin crear sospechas ni producir resentimientos. Si conserva esta conducta, si persiste en ella, le llegará una nueva oportunidad afortunada que ahora no está en condiciones de vislumbrar.

Línea Superior: Se encuentra en condiciones inmejorables para practicar el retiro y salvaguardar su instrumental y sus bienes. Esto le prodigará buena fortuna y éxito. No dude en buscar fuerza y paz en el silencio interior, la cautela y la reflexión.

XXXIV
TA CHUANG
GRAN PODER

El Kua

La dinámica del hexagrama muestra la irrupción vigorosa de la inspiración, un impulso irrefrenable por actuar y por poner en concreto las ideas o planes que usted hubiera concebido respecto a su habilidad laboral. Es seguro que este avance desde las profundidades de la mente escondida y por qué no de su pasado, ya en esta vida como en la anterior, termine por transformar la situación muy enérgicamente, aportándole un magnetismo particular y dotándolo de un empeño y entusiasmo mayúsculos.

En estas circunstancias no está aconsejado obrar por instinto o por mero ímpetu de acción, todo lo contrario. El camino más sabio es moderar los impulsos, examinarlos y contando con la propiedad de las fuerzas y de los contactos profesionales, obrar medidamente, avanzando paso a paso, teniendo como norte la obra misma, el aspecto emprendedor y la creatividad. Ponga toda su fuerza en la construcción de las piezas, del conjunto de piezas que tiene en mente y entre manos. Abstráigase de otros intereses, igualmente considerables, pero que en estos momentos pueden inducirlo a actuar con cierta precipitación, sin precauciones y de una manera pasional, con fuego y sin medir las consecuencias.

Si en su mente gravita la composición de estrategias minimalistas, pequeñas e intensas para desarrollar sus tareas, es precisamente en la característica de «intensidad heroica, consecuente» donde se finca el mayor poder, el gran poder del que le habla este Kua.

Un aspecto que usted no debería desdeñar es el cuidado de las formas, no debe dejar de ser amable y considerado con sus clientes. No se deje arrastrar por la fuerza de los acontecimientos que pueden arriarlo en cascada hacia la meta deseada, sí, pero barriendo, mellando, limando de las orillas del camino de su vida, personas y vínculos que no es recomendable olvidar ni eliminar.

El poder de los fuertes se ejercita en la modestia, en la abnegación, en la facultad de ajustar nuestra vida de una manera táctica y consciente y no por la imposición de un carácter fogoso y ríspido o de todo tipo de caprichos y gustos personales. Incluso sus gustos personales y sus caprichos metodológicos deberían y podrían ser canalizados constructivamente en estos momentos siempre que usted se tome un tiempo para examinar la situación, técnica y humana, borronear algunas pautas, meditar sobre el detalle y el conjunto y ponerse a trabajar, impelido por la nota vigorosa de estos tiempos de excelencia en los frutos de la acción.

Finalmente, construya para el presente y para el futuro, trabaje con determinación y aproveche la corriente venturosa, benigna, actual, para consolidar su posición. Los tiempos cambian siempre. No lo olvide.

Las líneas

Línea de base: En estos momentos usted experimenta un impulso casi furioso por pasar a la acción sin medir las consecuencias. Precisamente, lo indicado es exactamente lo contrario: equilibrio y ponderación, laboriosidad silenciosa y precaución. Ya vendrán los tiempos de recoger la buena cosecha —están a la puerta—, pero ahora deténgase y reflexione en paz.

Línea 2: Si bien posee una cierta fortaleza, la energía no se le debe escapar de las manos. Aunque las personas con autoridad parezcan protegerlo incondicionalmente no debe dar lugar a excentricidades ni excesos. En otras palabras, usted puede moverse hacia la meta, pero estando consciente del peligro, de la inestabilidad de la situación presente. Actúe de forma honorable, sin descuidar sus principios y eso le ayudará a avanzar.

Línea 3: Ostenta una posición gravitante y las personas de su círculo le son leales, sin embargo no debe abusar de estas condiciones aparentemente favorables. No debería actuar descuidada ni fogosamente. Lo recomendable es avanzar con moderación y con suma y refinada atención, percibiendo la sombra junto a cada paso que da y evitando la acción agresiva e intempestiva. Esto le garantizará la consecución final de sus metas.

Línea 4: El nivel de influencia y prestigio alcanzado le asegura cierta bonanza y el éxito en todo lo que emprenda. De cualquier forma en ningún momento debería forzar la ley humana a su favor ni procurarse ventajas indignas. Si procede conforme a la lógica del hombre superior y es cauto y vigilante con cada uno de sus pensamientos, palabras y acciones, el resultado será inmejorable.

Línea 5: Cuenta con el apoyo de sus camaradas e incluso de personas que ostentan cargos influyentes y una cuota discrecional de poder. Estas líneas se encargan de dejar constancia de esta propicidad general, pero al mismo tiempo le recuerdan que no debe ser ofensivo, procaz ni testarudo, evitando por sobre todo la ostentación de fuerza o de cualidades. Deje que el brillo se exprese en sus obras y evite ampulosidades y exhibicionismo vacíos e innecesarios.

Línea Superior: Usted se ha movido hacia la cima de una forma asaz impulsiva e irrefrenable y esto necesariamente le acarreará problemas. Es posible que ahora o pronto se encuentre abrumado por las responsabilidades. Busque su centro, la calma, el equilibrio, examine la situación antes de tomar una determinación que le ayude a poner balance en su vida. Lo logrará si se lo propone.

XXXV
CHIN
PROGRESO RÁPIDO

El Kua

Se encuentra ante una circunstancia de alta propicidad para su labor profesional, en que la energía luminosa, el poder de la luz y todo cuanto ello implica están en primer plano.

En principio trabaje sobre el encargo que tiene entre manos haciendo énfasis en la precisión quirúrgica. No rehúya el comprometer la hechura de la obra con valores y procedimientos no convencionales, enrolados con una lógica integradora.

Refuerce la concentración en las tareas, juegue con libertad tras la resolución de los trabajos. Dote a su actividad de una aureola, de ser posible, que sugiera o arrastre a sus colegas, al cliente a desarrollar un mayor interés sobre su trayectoria y antecedentes.

Los rasgos de talento y fundamentalmente la cosecha de las acciones meritorias está plenamente garantizada en estos momentos, bajo este aspecto influyente. Si integra una asociación, un grupo económico o simplemente un círculo de colegas y prácticos, su actividad y participación recibirán entusiasta aprobación y lo propulsarán hacia niveles más altos y más gravitantes dentro de la colectividad de sus pares.

En estas circunstancias predispóngase positivamente a ignorar la maledicencia y no enfrentar el desaire y los efectos de los celos y de la envidia.

Evite actuar de forma combativa, oscura, tenebrosa, enfatice todo lo implicado por la influencia de esta impronta de luz. Sea el motor de acciones nobles y preclaras. Comunique su optimismo y potencie las relaciones entre sus pares haciendo todo cuanto esté a su alcance para configurar un marco exitoso de interacciones. Desde esta plataforma vincular sus logros se acumularán y usted experimentará la liberación plena de su potencial creador y comunicante.

Actúe como el hombre superior, que pasa por alto las miserias humanas y las criticas inmoderadas, injustificadas y mendaces, y se aboca a la acción de un modo consecuente, pleno, sin desmayos, con la certeza de que ese es el camino que prefigura una verdadera ascensión, un progreso fácil y veloz.

En estos tiempos de despegue y avance, de progreso real, material, intelectual y espiritual, obtendrá los frutos de la acción noblemente trazada en el pasado y se verá potenciado para los futuros desafíos que su actividad trae siempre aparejados.

Brille por la luminosidad de su alma y por su capacidad ejecutiva, y deje que el mundo contemple sus movimientos henchido de plenitud y complacencia superior.

Las líneas

Línea de base: El tiempo del empuje progresivo y veloz todavía no se encuentra en su momento más efectivo. Como todo en la vida es cuestión de maduración, podría ocupar su tiempo personal en mejorar su carácter, en examinar las técnicas aprendidas y los estándares de desempeño alcanzados, atendiendo cada demanda o necesidad con idéntica consideración.

Línea 2: Tiene un contacto influyente y con poder que todavía no le presta atención. Lejos de flagelarse moralmente por esta circunstancia, redoble la actividad y no persista en la lamentación. Más allá de este hecho estamos ante un tiempo de puntual y expansivo crecimiento. Si no desmaya en sus esfuerzos, si pone lo mejor de sí momento a momento, finalmente esa persona pondrá sus ojos sobre usted. Puede que reciba asistencia y apoyo de una mujer, de alguien impensado en estos momentos. Resultará positivo.

Línea 3: Es hora de progresar y hacerlo con seguridad y afirmativamente. Cualquier escrúpulo o duda que abrigue sobre la oportunidad de avanzar, se esfumará como por arte de magia una vez que los resultados de su labor asistencial asomen visiblemente ante sus ojos. Resuelva los disensos y diferencias en estos tiempos propicios. Prepare el camino para el éxito mayor.

Línea 4: Puede que usted se haya desviado del sendero del hombre superior. Esta conducta acarrea invariablemente consecuencias dañosas. En esta época de lucimiento y avance, actúe «quirúrgicamente» para extraer la raíz del mal de su mente y de su corazón. No estropee el éxito que está directamente sobre usted.

Línea 5: En la edad del suceso y el progreso, encare con filosofía sus logros materiales y sociales y no permita que la seducción de las cosas pasajeras lo aturdan. Más allá del éxito y de los logros, la decadencia y la muerte son inevitables. Prepárese maduramente para sobrellevar el descenso de la marea del éxito, pero no por ello entre en lamentaciones ni quejas. Reflexione con madurez. Esto es el verdadero éxito finalmente.

Línea Superior: No presione a sus colegas y mentores pues podría ir demasiado lejos y terminar provocando su propio fracaso. Se presenta la tentación y en consecuencia un cierto grado de peligro en esta posición. Sea cauto, moderado y racional. No presione a los desconocidos, apóyese en su círculo próximo. Actúe con lealtad.

XXXVI
MING I
SE OCULTA LA LUZ

――― ――
――― ――
―――――――
―――――――
――― ――
―――――――

El Kua

La adversidad y la oposición le llegan desde una persona, un grupo u organización. Algunos individuos vinculados con su actividad han decidido bloquear su avance, criticarlo duramente, exponerlo a la crítica más mordaz e insolente. En otras palabras, la luz y el brillo de su oficio o actividad se encuentran bajo cuestionamientos diversos.

En tiempos como el presente no es recomendable opacar la claridad técnica, ni atenuar las líneas de fuerza ni empobrecer el colorido, la expansión y el trabajo que tiene entre manos. Cuenta por sobre todo el aprender a sobrellevar estos momentos tensos y plagados de fuertes rechazos o actitudes diminutivas en su contra.

Advierta con claridad si entre sus actuales negadores se encuentran los colegas o compañeros subestimados por usted, los jefes e inversionistas que alguna vez usted desairó con una conducta altiva o imprudente, o, simultáneamente otros individuos que han ingresado a su zona de confort, a su medio natural, recientemente. De la minuciosa observación que esta práctica le puede reportar surgirán sin lugar a dudas elementos probatorios respecto a su propia responsabilidad en este tiempo de crisis.

Resuelva su trabajo con la dosis de luz y poder que merece, pero guárdelo para una mejor ocasión: no lo exponga, no lo muestra al público ni a la comidilla especializada. Por el contrario, reflexione y concéntrese en comprender e intentar resolver en su fuero interno las causas hondas del conflicto y del antagonismo. Se sorprenderá descubriendo que ocasionalmente todos actuamos tal como esas personas se comportan ahora con usted, y que de acuerdo a la ley distributiva (Karma) ahora ha de vérselas cara a cara con los efectos y las consecuencias de su altivez, vanidad, orgullo y soberbia.

Por sobre todo aprenda ahora acerca de la ventaja de la moderación y del justo proceder en cualquier campo disciplinarios y de desempeño. Tarde o temprano el aprendizaje de estas amargas lecciones que le presenta la vida redundará en su completo beneficio, siempre y cuando usted atesore la percepción y la conciencia de su peculiar responsabilidad en este entrejuego permanente de intereses, caprichos y gustos encontrados y contradictorios.

No desespere si es del caso que la situación de adversidad se prolonga en el tiempo más allá de lo que usted entiende su capacidad de resistencia, antes procure volverse verdaderamente selectivo respecto a las palabras y gestos, a los pensamientos, en última instancia, que habrá de destacar en el futuro en la trama sutil de su relaciones. De cualquier forma y pese a la adversidad, una cuota menor de reconocimiento, quizás de parte de personas nuevas o desconocidas, puede acompañarlo, siempre y cuando usted persevere y no se deje arrastrar por el pesimismo y la negatividad.

Las líneas

Línea de base: Fue excesivamente expansivo y desplegó su actividad sin medida. Con ello atrajo la inquina, la envidia y la resistencia de personas allegadas a su actividad, que en estos momentos examinan la forma de perjudicarle. Literalmente «esfúmese» de la vista del público y de sus colegas. Aléjese del ruido y del boato social.

Línea 2: Sus hostigadores han avanzado y han tenido un relativo éxito al intentar arrojar sombras sobre usted y su conducta. Apele a las reservas de integridad y de sentido de la justa proporción para defenderse y para salir en auxilio de otros que también están siendo atacados. Este proceder le aportará una buena base de posibilidades futuras, una relativa buena fortuna. No se defienda irritado ni con encono; la maledicencia y la difamación se apagan solas si no se las enfrenta con belicosidad. Esto le asegurará un buen escape de la situación.

Línea 3: Se ha sobrepuesto a las difamaciones y agresiones de quienes están establecidos en rangos de autoridad o está a punto de superar todo ese fuego cruzado. Esto le traerá éxito. Aunque usted piense que todo ocurre por casualidad, como resultado de coincidencias positivas, de la Ley de retribución, Karma, sus buenas palabras y acciones del pasado están haciéndose sentir ahora. Prepárese para establecer los cambios que la situación reclama, pero no se precipite a atribuirse el triunfo sobre sus adversarios ni mucho menos.

Línea 4: Está a punto de descubrir la causa de la persecución y el hostigamiento. Este descubrimiento será decisivo, ya para corregir su labor o su carácter, ya para evitar la indolencia. No permanezca en la zona de fuego, salga de inmediato y predispóngase constructivamente para el porvenir.

Línea 5: A pesar del acoso, usted se obstina en seguir adelante con su actividad, como si nada estuviera ocurriendo. Lo recomendable es «hacerse a un lado mentalmente» y evitar la confrontación con sus adversarios. Lo mejor que puede hacer es prepararse para el futuro, estudiar y hacer proyectos, siempre lejos de la acción.

Línea Superior: No actuó moderadamente, abusó de su influencia, utilizó su poder personal para castigar o perseguir a otras personas de su entorno. Aprenda de la inminente humillación y escarnio que sobrevendrá. Las lecciones de la vida siguen derroteros absolutamente diferentes a lo que el hombre corriente entiende o piensa. Usted se comportó como ese hombre vulgar.

XXXVII
CHIA JEN
EL CLAN FAMILIAR

_____
_____
_____ _____
_____
_____ _____
_____

El Kua

Está a punto de surgir una presencia, una influencia muy significativa en relación a su propia familia, a un centro o institución, taller o grupo económico, que le reportará grandes y perdurables beneficios, unidos a un vínculo estrecho y a nuevos compromisos, todos ellos altamente positivos.

Para que la influencia dé sus frutos, no debe perder de vista la necesidad de conducirse de una forma ecuánime, despojada de motivaciones estrechas, honrando su obra y la integridad de la persona o las personas que habrán de acercarse con objetivos nobles y planteos de gran interés. Una conducta como la indicada le asegurará que usted y su trabajo serán contemplados con genuino interés, y que la apreciación de las calidades y virtudes de su quehacer no estará mediatizada por intereses ajenos o por los modales en boga de la buena sociedad. Recuerde que de usted depende en gran medida que la relación se consolide y que dé sus frutos; frutos que serán de beneficio para todas las partes y que le acercarán unos pasos más a la meta que usted acaricia en secreto.

Es esencial que cuanto usted diga, sus palabras y compromiso, estén a la altura de sus actos. Una buena parte de la persuasión seguramente provenga del conocimiento de su especialidad; pero existe otra parte, tanto o más importante todavía, que se cifra en la coherencia, en la congruencia entre las palabras y las acciones. Como se trata de un vínculo sumamente estructurado, al caso el ejemplificado por una familia o clan, usted debe ser doblemente cuidadoso y al extremo meticuloso con su proceder y sus declaraciones.

Todo esto se verá fortalecido si sus obras y actos son una extensión de su vida, si usted la ha cultivado como una obra de arte. Aun cuando no lo haya hecho con total entrega y rigurosidad, es el momento de plantearse esta posibilidad señera para su destino. Cultive una regular disciplina en usted mismo, sea su propia obra maestra, y los contactos, las influencias vecinas lo honrarán y lo gratificarán con mucho más interés y con mayor prodigalidad.

Examine en su mente el significado de una familia, de un clan, de un grupo de seres humanos con rasgos en común, que apuntan en direcciones diversas pero que empujan el proyecto del grupo con la misma energía y la mayor concentración; que no olvidan honrar a los mayores y entrenar a los pequeños, que construyen la civilización a partir de los elementos más nobles de los más valiosos lazos humanos. Investigue en el grupo que se le acerca, no desdeñe sus peculiaridades, su especial forma de asumir «el ceremonial de los encuentros y de los acuerdos». Honre todo eso con la saludable intención de permitir que la vida fluya por el carril adecuado, vitalizando a todos y a cada uno de los interesados usted y en su actividad.

Llegó el momento de ordenarse interna y externamente y luego actuar.

Las líneas

Línea de base: Este es el tiempo en que el grupo o comunidad de referencia se encuentra en sus comienzos. Todo compromiso colectivo debería contar con una normatividad, con reglas claras y objetivos definidos, de otro modo se disipará mucha energía y la unidad interna de la sociedad terminará por resquebrajarse. Usted es la persona indicada para idear estos puntos fundacionales y para explicarlos y darles vida. Ha de imponerse el construir la coherencia interna del equipo, una visión por todos abrazada y un compromiso general de laboriosidad y militancia que resulte suficientemente poderoso como factor de penetración en el colectivo y en el mercado. Ya sea una empresa convencional o un ensamble de vientos, lo que fuera a formalizar en esta ocasión ha de poseer una dirección predeterminada, hasta donde resulte posible en cada caso prever y anticiparse a las circunstancias. Esta visión y misión comunes resultarán elementos constructivos indispensables para la sobrevivencia del proyecto y su promoción constante. Dedique un tiempo a meditar en silencio, a visualizar en su mente el proyecto grupal y luego trace el plano de la acción, incluyendo a cada uno de los miembros de la empresa en campos equitativos y adecuados a sus idiosincrasias.

Línea 2: Aun cuando usted no es el director del proyecto, tiene una gran responsabilidad por delante. Capacítese, no emplee la fuerza, acuerde.

Línea 3: Ha censurado a tratado con agresividad a otros miembros del equipo. Serénese o de lo contrario la estructura se habrá de derrumbar.

Línea 4: Ahora que usted es alguien valioso y relevante dentro de la organización, intervenga con justicia y creatividad en los problemas financieros del grupo. Elabore planes y compártalos, proponga nuevas responsabilidades y funciones. Emplee su creatividad y persuasión. Será en beneficio del proyecto.

Línea 5: Ha alcanzado un lugar prominente dentro de la asociación. No ceje en su empeño por ser justo y generoso. Imprímale su tónica a la actividad creativa, esto cuenta particularmente en estos momentos. Muéstrese munificente y amplio. Escuche.

Línea Superior: En su rol de líder o figura prominente en su departamento, le ha traído muy buena fortuna al equipo de trabajo. Persevere en la línea de acción que ha establecido y la buena fortuna abrazará a todos los integrantes por igual y la obra alcanzará ribetes extraordinarios.

XXXVIII
K'UEI
LA OPOSICIÓN

————— —————
————— —— —————
————— —————
————— —— —————
————— —————
————————————

El Kua

La organización que le rodea, sea esta su actual medio de vida o el grupo de pertenencia dentro del campo de su actividad productiva, amenaza con derrumbarse. Es un momento de mutuos reproches, de diferencias pronunciadas, de actitudes insultantes y divisorias. Evite fomentar el costado separatista de este cuadro, no implicándose en discusiones ni reyertas que sólo conducirán al emprendimiento, al grupo o eventualmente a su propia familia, al fracaso, a la división y a la manifestación descontrolada de las peores aristas en los vínculos.

Manténgase atento pero a la vez distante de las controversias actuales o que se avecinan, todas ellas son fuente de dispersión de fuerzas que no contribuyen ni a su propio progreso ni al progreso de cada uno de los integrantes de la asociación.

Por el contrario, reasuma el control de su propia existencia, refuerce su nivel de capacitación, adquiera destrezas nuevas, vea hacia adelante concentrándose en la calidad de su mente y de su competencia en el presente. Evite intervenir directamente o por intermedio de terceras personas en la revulsiva situación que está teniendo lugar en el seno del lugar de trabajo. Cualquier intento por manejar a distancia o frontalmente los hechos lo conducirá al fracaso: será juzgado por ese ejercicio manipulador y por mala voluntad y personalismo.

Ocúpese en particular de darle solución a pequeños litigios externos al grupo o situaciones que éste haya generado y que tiene en descuido. Solucione todo cuanto esté pendiente y requiera de dedicación de su parte. Con el tiempo su voluntad ejecutiva y elevado propósito justiciero podrán servir de modelo para los otros integrantes del centro, incluso animarlos a acercarse y replantear las cosas.

Existe la posibilidad de que semejante replanteo se vaya a dar al cierre de este tiempo de desarmonía y oposición. Imagine ahora las respuestas y los medios legítimos para resolver los enfrentamientos y cuestionamientos, basándose en la veracidad y en las mejores intenciones. Con buena voluntad y pupila existe la posibilidad futura de rehacer el emprendimiento y volver a potenciarlo, para bien de todos los integrantes. Sólo que en este momento la acción directa podría conducirlo rápidamente al despeñadero.

No se desaliente. Su actitud noble y proactiva podrá ser la fuerza que lime asperezas y prepare un regreso con gloria del equipo de trabajo, de su grupo de pertenencia e incluso de su propio núcleo familiar. Si usted obra de buena fe y no invasivamente la armonía volverá a reinar entre todos y usted se felicitará por haber sabido acondicionarse ética y mediáticamente y por haber sabido esperar la ocasión propicia, la justa oportunidad.

Las líneas

Línea de base: Nos situamos en el inicio de la condición de antagonismo, alineación y oposición. Si el vínculo está destinado a perdurar más allá de las temporarias circunstancias de distanciamiento, el desorden incipiente que se revela en estos momentos, dará lugar tardeo temprano a un reajuste y a una reconciliación. Por fortuna las personas de las que se habrá de distanciar son tan nobles y bien predispuestas como usted. De modo que lo conveniente es no frenar las actividades y las iniciativas en marcha, ya que la natural sinergia de las fuerzas concurrentes muy luego tenderá a la solución edificante de los conflictos. Más allá de estas consideraciones, hágase cargo de la inminente situación de adversidad.

Línea 2: La falta de balance reinante entre usted y sus contradictores vuelven poco viable una solución rápida del conflicto. Más allá de esto, si de alguna forma ocurriera que los contrincantes se encontraran sin previo consenso, intente atenuar su crispación, recurra a la verdad y a la simplicidad. Es probable que en ante estas circunstancias y debido a la franqueza general, las cosas vuelvan a encaminarse, o, al menos, a quedar en suspenso para más adelante, sin que la sangre llegue al río.

Línea 3: Si procura armonizar la situación, al cabo se verá disminuido y eventualmente humillado. Busque la persona mediadora adecuada y apele a sus buenos oficios. Al final la situación tenderá a armonizarse naturalmente.

Línea 4: El enfrentamiento y la colisión de intereses están en su nivel más alto. Debería buscar al mediador apropiado para este cuadro de inquina personal y divergencias estratégicas severas. Puede contar con la intervención providencial de una tercera persona, transformada en un factor estabilizador, aunque más no fuera para el futuro.

Línea 5: Usted ocupa un rol de dirección en el emprendimiento, pero debido a la naturaleza de la oposición, no puede intervenir constructivamente. Otra vez debería recurrir a las personas más competentes y conciliadoras de su ámbito de pertenencia, invitándolas de forma firme a intervenir en el conflicto. Si obtiene la aquiescencia de estos cooperadores potenciales, habrá buena ventura.

Línea Superior: Terminó por culpar acremente a colegas o amigos, cometiendo una profunda injusticia. Si reconoce sus excesos y errores de juicio y actúa en consecuencia, las cosas se habrán de aclarar y el cuadro de antagonismo llegará a su conclusión.

XXXIX
CHIEN
OBSTRUCCIONES

—— ——
—————
—— ——
—————
—— ——
—— ——

El Kua

De persistir en el plan que se ha trazado respecto a la factura de su obra, inevitablemente terminará por dejarla a medio terminar o la destruirá. En idéntico sentido, los proyectos grupales que ha emprendido en compañía de colegas y colaboradores se verán obstruidos por fuerzas externas, imposibles de reprimir o de evitar. De forma que ya individual como colectivamente hablando, usted debería detenerse y reflexionar en profundidad; contemplar su disciplina, su especialidad y sus acuerdos desde una nueva perspectiva, y predisponerse para inaugurar los cambios una vez que la situación presente dé indicios de pasar.

Si elabora un nuevo plan de acción, propóngase consultar a personas sabias y competentes antes de ponerlo en funcionamiento. Análogamente usted podría volver a consultar el Oráculo.

En medio de las obstrucciones reinantes usted está a punto de conocer una persona capaz de proporcionarle una visión constructiva y resolutiva adecuada a la situación, de modo que confíe en sus consejos, en su visión más amplia, y dispóngase a reformular su labor o sus compromisos colectivos, bajo la nueva luz que recibirá de este conceptuoso consejero, alguien que en algún momento estuvo cerca de usted y que quizás no mereció su especial atención. Es tiempo de consultar a quienes pueden en verdad salir en su auxilio, colegas, idóneos de sabiduría proverbial, jefes o mentores serios y asociativos. Entre ellos se encuentra eventualmente el consejero virtual del que le habla el Kua.

Una vez que cuente con una idea luminosa, habrá de detener su trabajo, su labor y se predispondrá positivamente para ejecutar los cambios, siempre en el tiempo apropiado, tiempo que no es precisamente el actual. Cesar de concentrarse en la labor en semejante estado crítico es la solución. Darle tiempo a las cosas, permitir que las nuevas ideas maduren en su mente y detener el flujo que lleva inevitablemente al bloqueo y a la paralización.

Un movimiento de esta magnitud en la vida, un cuadro de obstrucción, contiene en sí mismo una reserva de fuerza que, una vez atenuado su impulso frenético, puede y debe ser empleada en forma constructiva, libertadora. En el problema radica la solución: en la lectura profunda del problema y en el desciframiento del mismo, paso a paso, se encuentra la solución anhelada para superar la instancia de bloqueo y obstrucción actual, que lo pondrá en jaque por un tiempo. Un tiempo suficientemente examinado e iluminado por las más poderosas ideas de cambio y regeneración, para que usted se haga de los recursos y de los planes de acción más recomendables antes de volver a su oficina o taller a aplicarlos de forma regeneradora, superadora, reconstructiva. En el mismo sentido proceda en relación con las organizaciones en las que su participación es un vector constructivo en concreto.

Las líneas

Línea de base: La adversidad es inevitable y usted no cuenta con los instrumentos ni la influencia necesarios para atravesarla y seguir adelante. Deténgase a tiempo y no insista en continuar buscando objetivos que bajo estas circunstancias asoman como inalcanzables. En lugar de perder el tiempo cultivando sueños y expectativas inútiles, retírese y ponga su mejor energía en dar lugar a un nuevo plan de acción futura. Una vez que este cuadro sea superado, gracias a la prudente planificación, usted podrá retomar su trabajo y su actividad progresará naturalmente. Luego de este proceso duro, consulte una vez más al Oráculo antes de avanzar.

Línea 2: Más allá de lo temible de la situación, de la adversidad palpable sobre usted, lo adecuado es coronar las acciones previstas a su tiempo. Aun cuando sufra trastornos en medio de la actividad, finalmente logrará superar esta condición extrema. Si el peligro se cierne sobre usted, el cumplimiento del deber lo dignificará y le llevará a niveles de reconocimiento francamente positivos.

Línea 3: No persista en el movimiento y la actividad bajo estas circunstancias. Antes retírese y refúgiese en sus colegas, amigos y socios. Su familia puede constituirse en un ámbito seguro de reconstrucción. La adversidad a la que se enfrenta es muy grande, de forma que nos es sensato lanzarse a una aventura que concluirá en una segura derrota. Una vez que la tormenta escampe, vuelva a consultar al Oráculo.

Línea 4: Por sí mismo y en soledad usted no logrará sortear esta asaz compleja situación. Sepa que contará con los colegas y aliados adecuados para este cuadro, ellos le procurarán ayuda apropiada y lo sostendrán temporariamente. Provisto del auxilio competente que menciona el Oráculo, usted podrá desarrollar un plan de acción realmente conveniente.

Línea 5: En medio de sus tribulaciones las amistades efectivas acudirán en su ayuda, proporcionándole apoyo y contención. Esto se debe a que usted es una persona respetable y de honor y sus huellas no han pasado desapercibidas. Muévase siempre asistido por sus colegas y amigos. Una vez quela transición penosa sea superada, una vez más consulte al Oráculo en busca de luz. Al comportarse con dignidad y con miras elevadas, la buena fortuna le volverá a sonreír en el siguiente tramo del camino.

Línea Superior: En medio de la adversidad su ayuda es imprescindible. No evada la situación, confróntela y ofrezca su ayuda y auxilio a quienes lo demanden. Esto garantizará el éxito final.

XL
HSIEH
SE NEUTRALIZAN LOS PELIGROS

El Kua

Los riesgos que rodean a la ejecución, finalización o desarrollo de la tarea que tiene entre manos cesan. En este período podría surgir una fuerte contradicción entre el camino inicial escogido y el curso fallido que están tomando las cosas. Se le recomienda despertar al tiempo que lo propicia, eliminando las causas del peligro, peligro que usted mismo habrá de percibir sin que nadie más le llame la atención, en su taller, en su despacho, en el espacio que tiene reservado para su trabajo.

No se detenga mucho tiempo a considerar los aspectos modificables o eliminables del trabajo. Observe intuitivamente, o siga su instinto natural y resuelva el caso con diligencia, sin darle tiempo a la errática procesión de los pensamientos hipercríticos en la mente. No es tiempo de largas cavilaciones respecto a la situación, situación que bien podría incluir o desarrollarse bajo la supervisión de los cuadros más influyentes, mentores, colegas experimentados, que los pone ante una encrucijada de la cual usted mismo tiene que deshacerse con acciones nobles y constructivas y de una forma expeditiva, sin regodearse con el éxito o solución obtenida, si este fuera el caso.

Todo es cuestión de tiempo, de las variedades adversas o propicias de cada tiempo, de forma que si usted alcanza a percibir la preciosa oportunidad que la vida le ofrece en estos momentos, no se detendrá demasiado tiempo a subsanar los errores; actuará con la entereza y determinación de quien supo honrar el oficio y a sus allegados en toda ocasión.

Una vez que haya subsanado la causa del peligro, podrá continuar con su tarea habitual, contemplando objetivamente lo adecuado de las correcciones, de los cambios terapéuticos, no volviendo a insistir sobre ellos en ningún momento; entregando su tiempo, su talento y su energía a la labor que lo ha llevado a erigirse como un trabajador apegado a su vocación.

Si otras personas cometieron errores con usted, si trasgredieron o faltaron a su palabra, comprenda las ambigüedades de la naturaleza humana y póngase en el lugar de ellos, eximiéndolos de acusación o reclamo. Sencillamente libere su energía moral y mental del marco de cualquier tipo de rencilla o enfrentamiento y ocúpese de reforzar sus vínculos. No se olvide que la vida habrá de ocuparse, a la corta o a la larga, de poner las cosas en su lugar, que usted es un agente o instrumento de un Plan Maestro y perdone con naturalidad y sin cobijar motivos de sospecha en su corazón.

Probablemente una vez que haya visto a pleno el peligro encarnado en este cuadro y que lo haya subsanado, un impulso natural a la celebración, a la exaltación emocional lo subyugue: por lo pronto evite cualquier forma de manifestación eufórica y descomedida. Agradézcale a la vida con sencillez, sin cometer excesos personales.

Las líneas

Línea de base: En poco tiempo el peligro será una cuestión del pasado. Impóngase el dar los pasos necesarios para favorecer este final de los peligros y de las situaciones riesgosas. Hágalo con determinación y de forma rigurosamente ética. Este camino lo llevará al triunfo.

Línea 2: A pesar de las dificultades existentes para neutralizar el peligro, solo o con ayuda de un colega de confianza usted está en vías de reparar las cosas, de restaurarlas o conducirlas por el camino correcto. No actúe con pasión, porque todo extremismo emocional regresará el peligro a su camino. Condúzcase con regularidad y equilibrio en estos momentos, lo cual le garantizará el alcanzar sus objetivos sin mayores dificultades.

Línea 3: No haga ostentación de sus maniobras de rescate, no se muestre exhibicionista con sus clientes o con sus vínculos profesionales. Existe evidencia de que se sentirá tentado a proceder de esta forma. Ahora que puede eliminar los riesgos, cualquier demostración de superioridad o de abundancia de medios lo arrojará a la comidilla pública, atrayendo la envidia y el recelo. La vida no premia a los arrogantes, patrocina y propone la modestia y la justa acción, en el pensamiento, la palabra y la acción. Regrese ahora a un comportamiento ecuánime y no ostentoso y el orden del universo le bendecirá con renovadas oportunidades de éxito.

Línea 4: Existe evidencias de que usted conserva una relación estrecha con un colega o socio de conducta cuestionable y de pobre nivel ético. Abandone ese tipo de relaciones cuanto antes. Aun cuando el peligro cesa gradualmente en estos tiempos, si usted deja atrás esos contactos innobles, la situación adversa terminará por desaparecer completamente. No se entristezca con el fin de este vínculo: otros colegas o futuros socios llegarán a su tiempo y ocuparán con ventaja el lugar del individuo a quien dejó atrás.

Línea 5: Tiene una cuota importante de mando y de responsabilidad. Para que el peligro desaparezca por completo, usted debe terminar sus relaciones con personas de baja calidad humana, a las que ha venido tratando hasta el presente. Es más: sólo logrará superar definitivamente los riesgos si se deshace de esos vínculos. Actuando educada y diligentemente a este respecto, logrará anular la adversidad en ciernes y alcanzará a disfrutar de una cuota significativa de buena fortuna.

Línea Superior: Concluya la relación que sostiene con esa persona de baja estofa que lo ha venido secundando hasta el presente: sus consejos son inoportunos y su interacción negativa. Una vez que se deshaga de esta relación, el camino se allanará para usted y encontrará la solución al problema planteado con su especialidad médica o con sus colegas.

XLI
SUN
DISMINUYENDO

_____

_____ _____

_____ _____

_____ _____

_____

_____

El Kua

Cualquier pregunta que le haga en estos momentos al Oráculo fallará en su contra: están a punto de sobrevenir tiempos de decadencia y disminución. La tarea que tiene entre manos no habrá de producir resultados extraordinarios, incluso si usted intenta redefinirla o replantearla en mitad de su composición. Las dificultades con las que se encontrará en el campo de la ejecución del trabajo o de la colaboración del personal técnico, son realmente muy grandes.

En estos tiempos debería evitar buscar culpables a quienes arrostrarles la responsabilidad de los magros resultados. Evite la irritación y la ira: los ciclos de crecimiento y disminución se suceden los unos a los otros en la vida y uno debería adoptar una posición vigorosamente filosófica y hasta impersonal, si quiere evitar actuar y pensar injustamente, particularmente en la práctica tan habitual de buscar responsables mal inspirados contra nosotros.

Aprenda de esta alternancia entre fluidez productiva y merma para obtener una visión más amplia e inclusiva y madurar como ser humano y como laborante de una forma enteramente nueva.

De cualquier forma y con prescindencia de las actividades que tiene entre manos, usted puede iniciar un proyecto por completo original y novedoso. En estos tiempos de disminución, sin embargo respecto a lo que está teniendo lugar en nuestra vida profesional, existe una hendija a través de la vual se filtra la luz de lo alto, la luz de la inspiración. Si usted suspende la factura de los trabajos en el estado en que se encuentran y detiene su mente, reflexiona y contempla todo lo concerniente a su oficio, para luego proyectar y lanzarse a la elaboración de un nuevo plan procedimental, con el tiempo le agradecerá a estos tiempos de limitación y de mengua el que lo hayan compelido a orientarse a la búsqueda de lo verdaderamente práctico y renovador.

Por otra parte, en estos momentos de parálisis y merma, no es recomendable simular prosperidad y plenitud. Son tan evidentemente limitantes que tarde o temprano se verá desenmascarado, sufriendo humillación y escarnio por su actitud vanamente exhibicionista.

Algo en lo que no debería detenerse es en la preparación, en el estudio y en el adquirir competencias nuevas dentro de su línea de trabajo. Momentos como estos pueden significar descubrimientos de potencialidades sino dormidas, atrofiadas en nosotros, que una vez que por fuerza de la necesidad los salimos a rastrear habrán de revelarnos el inmenso potencial dormido que aguarda en nosotros el ser evocado y puesto en actividad.

Estos momentos en que la vida nos pone a prueba son la puerta de la oportunidad y del cambio. No olvide el ocuparse de un proyecto enteramente nuevo y original. Esa será con el tiempo la verdadera recompensa.

Las líneas

Línea de base: Preste atención a sus propias responsabilidades. Ocúpese por sobre todo de sus asuntos. Una vez que haya hecho esto, no renuncie a ayudar y respaldar a otros que están en necesidad. Siempre considerando cuanto posee usted en realidad y los medios efectivos con que cuenta para su manutención. En cambio, ahora que se encuentra en necesidad, ante la posibilidad de que otros colegas o mentores lo asistan, sólo acepte lo rigurosamente indispensable.

Línea 2: Conserva un margen de fortaleza y poder bastante significativo. Por otra parte ha cobrado conciencia de la situación y ha desistido de lanzarse a la aventura. Si en estos tiempos colegas o directores requieren de su servicio y ayuda, con sumo detalle bríndeselos. A la larga esta conducta le traerá gratificaciones en el orden de la buena fortuna.

Línea 3: Algún colega, asistente o colaborador puede abandonarlo: esto está señalado por esta línea como un hecho inevitable. En su trabajo y eventualmente si está emprendiendo un viaje, se acercarán a usted nuevas compañías. Este hecho redundará en su beneficio. Donde hay tres personas trabajando o viajando juntas, una de ellas abandonará a las otras. También este apartamiento está señalado por la suerte, de modo que debe ser así y este hecho no le acarreará mayores problemas, en la medida que usted lo asuma con naturalidad.

Línea 4: Algo que cuenta de verdad: en su carácter y en su mentalidad hay elementos a corregir. Obsérvese detenidamente y con suma atención y dispóngase a erradicarlos, a cambiar. Siempre es bueno ejercer la autoconciencia y dejar atrás las zonas oscuras de nuestra naturaleza. Con el tiempo decisiones como esta redundarán en beneficio de usted como ser humano y como profesional, de una forma apreciable.

Línea 5: Más allá de este tiempo de merma, usted podrá sacar partido de emprendimientos creativos verdaderamente originales. No se desanime y abra su mente y su corazón a lo nuevo; dispóngase a trabajar como la primera vez. Sepa desde antes de iniciar el trabajo que tendrá un éxito considerable y no desmaye en medio de las dificultades del presente. Actuando con integridad y honor los resultados serán multiplicadamente benéficos.

Línea Superior: Si sus colegas o directores requieren de su ayuda, usted ganará mucho terreno si se las brinda. No olvide apuntalar su porvenir con la puesta en marcha de un proyecto nuevo y original. SI usted ha cultivado una conducta verdaderamente ética, no debería sorprenderle el que cuente con numerosos colaboradores, dispuestos a integrarse de alguna manera a la ejecución de esa nueva obra maestra, nacida en tiempos de merma y privación y por eso destinada a alcanzar ribetes de belleza y de significación verdaderamente singulares.

XLII
I
EL AUMENTO

_____
_____
____   ____
____   ____
____   ____
_____

El Kua

Ha llegado a su vida un tiempo en que todas las actividades y emprendimientos conocen de un crecimiento significativo. Lo que aumenta lo hace por la dinámica de las fuerzas espirituales de la Vida, más allá de su voluntad de intervención los hechos habrán de ocurrir y todo lo que aumenta, lo que encuentra su natural tendencia al aumento, alcanzará la magnitud mayor sin que usted deba hacer movimiento alguno. Agradezca al universo esta oportunidad de expansión y despliegue y cumpla con sus objetivos, sabedor de que a los momentos de decrecimiento le suceden los tiempos de despliegue y ascensión.

Actúe con grandeza y con vigorosa energía, sobre todo porque las labores que tiene entre sus manos se verán inmensamente beneficiadas si usted las reformula ahora, tomando en cuenta la tendencia general al aumento: multiplique técnicas, disciplinas complementarias, curse nuevas especialidades. Asegúrese de hacerlo de forma que la obra en sí misma y por sí misma revele una magnitud y esplendor suficientemente ecuánimes y condignos con la época de florecimiento que ahora está atravesando.

Por otra parte, las grandes ideas, los proyectos que implican un robusto programa de acciones y metas, serán especialmente escogidos por sus mentores y por la clientela en general. Recuerde que esta suerte, este kua, puede otorgarle un plazo de entre tres y seis meses para dar lugar a la iniciativa que aquí se está describiendo y auspiciando.

Como una medida de afinidad y resonancia con estos tiempos debe emplear la grandeza en el carácter y en la práctica de los valores morales. Deshágase efectivamente de las flaquezas y miserias que ha visto en otros, que por algo ha observado en otros, dado que también están en usted, y potencie especifique las cualidades, virtudes y atributos, que pueda haber reconocido como meritorias y nobles en cualquier otro ser humano y por qué no en usted mismo. Esta grandeza ética es la salvaguarda, el sello de seguridad y la garantía mayor de suceso. En otras palabras, incremente en usted lo mejor y más digno para ponerse en consonancia con la especial característica de estos tiempos pródigos.

Si escoge este camino de aumento integral de los dones y virtudes, se habrá de posicionar como el individuo más afortunado, a quien las cosas amables de la existencia le sonreirán; del mismo modo que el reconocimiento a las obras de gran aliento y envergadura consolidará esa buena fortuna y en último caso su posición relativa en el concierto de los operarios y emprendedores que participan con usted en un trabajo colectivo.

De cualquier forma recuerde que lo que aumenta en forma desproporcionada rompe las reglas de la armonía, crea fealdad y desorden, y condúzcase en consecuencia, sabedor de que la fertilidad de estos tiempos ha de ser acompañada por el buen criterio y la sencillez.

Las líneas

Línea de base: Un tanto misteriosamente recibirá ayuda de la Vida, de las fuerzas dimanantes del Orden Supremo del universo. En el comienzo del movimiento ascendente puede conseguir respaldo de la persona que ha elegido, siempre en proporción a la nobleza de sus metas. Presumiblemente esa persona cuenta con una buena posición social y apreciable ascendiente público. Si se afirma en la práctica de los más altos valores seguramente será gratificado con recompensas mayúsculas.

Línea 2: Si profundiza en la mejora de su carácter, en la adquisición de virtudes y dones más nobles, su fortuna se verá apreciablemente acrecentada. Pueda que reciba ayuda de alguien desconocido, incluso sin que usted lo sepa jamás. Agradézcale a la Vida esta ayuda inesperada e imprevisible. Al dirigir la corriente positiva en auxilio de otros colegas y amigos en necesidad su buena fortuna se reforzará enormemente.

Línea 3: Puede que experimente un incidente que a primeras cualquier persona consideraría desafortunado. Muchas veces los senderos que elige la Vida son laterales y a través de la apariencia de infortunio vienen a uno sobradas razones de dicha y felicidad. Este es uno de esos momentos. No lo olvide, por el contrario enseñe ante la autoridad su faz comprensiva y consciente; nunca se queje y adquirirá la aquiescencia y el respaldo de esos mandos superiores en la sociedad y en su medio natural.

Línea 4: Obtiene el respaldo de los individuos de autoridad y es muy bien visto por quienes dependen de usted en alguna medida. En estos momentos se beneficiará si encuentra el camino para coordinar y hacer coincidir a ambos grupos. El beneficio que obtenga por el empleo inteligente de la dinámica de los tiempos no debe ser exclusivamente para usted: comparta y acrecentará el margen de felicidad propio y de los demás.

Línea 5: Enhorabuena: sobresale por la aplicación de lo más noble de su naturaleza en su disciplina y en el entramado de las relaciones humanas, por lo cual los beneficios que recibirá, la buena fortuna puede llegar a ser abundante. No se olvide de compartir los beneficios de esta posición con quienes dependen de usted y su buena estrella le iluminará por más tiempo en el camino de la existencia.

Línea Superior: Acopió riqueza, reconocimiento y valores sin prestar atención a las necesidades de los demás. Este grave descuido podría acarrearle la desdicha. Aún está a tiempo de corregir la situación y de dar con manos pródigas a los demás. Si intenta reparar su error existe la posibilidad de que minimice las consecuencias negativas producto de su negligencia y falta de miramientos. Actúe ya y sin dudar más.

XLIII
KUAI
LA RESOLUCIÓN

El Kua

Un adversario, una frontal oposición a sus planes, el corte o la cancelación de un encuentro de trabajo, se presentan en el horizonte próximo, impidiendo su desarrollo y crecimiento.

Esta limitación se encuentra en la Línea Superior, en tanto las otras son fuertes, por lo cual la dinámica de la Vida resolverá la situación a su favor tarde o temprano, desplazando y alejando definitivamente el factor adverso que está a punto de hacerse presente o que ya se ha puesto de manifiesto.

En épocas en las cuales una cierta oscuridad posterga nuestros planes y proyectos, o anula la factura de una nueva estrategia técnica, es tiempo de reorganizarse junto con sus colegas, que seguramente se verán afectados por motivos análogos, de poner orden y asumir con disciplina la asunción de los hechos. De la calidad con la cual usted haya trabajado y de la armonía en sus vínculos profesionales depende en gran medida el éxito de esta gestión. De cualquier forma, aunque usted no hubiera sido del todo considerado y no se hubiera mostrado atento a las demandas y necesidades del grupo, tarde o temprano este se organizará teniéndolo como vocero, portavoz o efectivamente como representante de valor, estratégicamente hablando.

Como se trata de una posición cambiante, oscilante, es posible que usted no alcance a percibir con claridad las razones de la oposición o afectación. Esta limitación habrá de verse superada en el curso der las próximas semanas.

No se desaliente ante el bloqueo de sus planes y proyectos, por el contrario, examínelos con detenimiento y ponderación, con un saludable juicio crítico, a fin de corregir, adecuar, ajustar lo que resulte visible y necesario. Seguramente se sorprenderá con este ejercicio, ya que es un hecho que algunas piezas de su rompecabezas propositivo y productivo no están en su lugar, y esto, sumado a la dinámica de estos tiempos, le ha traído dolores de cabeza.

Redoble sus metas y dispóngase a pensar en un proyecto nuevo. Si así lo hace tome como referencia las correcciones y cambios a su última labor y las ideas que ha debido modificar o replantear: a partir de ese material ciertamente vital, usted puede construir una pieza enteramente nueva y original que, de alguna forma, complete este ciclo de trabajo y lo documente de la mejor manera.

En estos momentos en que las fuerzas oscuras le afectan, ocúpese silenciosamente de ayudar a quienes por debajo de usted se enfrentan a dificultades todavía mayores. Esta labor de buena voluntad le reportará profundas y duraderas satisfacciones y un muy amplio reconocimiento de sus colegas y mentores. Edifique lo nuevo a partir de la recreación y perfeccionamiento de lo ya existente. Es el camino señalado por el corazón del Kua.

Las Líneas

Línea de base: Si se enfrenta directamente a las fuerzas hostiles en estos momentos, se dirigirá decididamente a la derrota. No intente ensayar ningún tipo de maniobra de tono heroico o extremo, ya que los tiempos son adversos y los impulsos resolutivos no resultan suficientes para inhibir el poder, ciertamente temporario, que se opone a usted y a sus colegas y que de momento lleva todas las de ganar.

Línea 2: Es recomendable aplicar una suma moderación, auto-control y prudencia en esos momentos. Usted puede estar implicado en un plan para desbaratar a sus antagonistas, pero tenga presente que esta línea le previene que, de forma inesperada y brusca, ocurrirá un incidente que operará enteramente en su contra, negándole la posibilidad de lograr sus objetivos. No se desaliente por ello y predispóngase positivamente para, ya en sociedad con sus colegas y mentores, iniciar el proceso gradual de resolución y desmantelamiento de la fuerza hostil, que en estos momentos exhibe todo su potencial.

Línea 3: Es valiente y no deja de tratar de dar una respuesta eficiente a la fuerza antagónica. Usted no debería cortar el vínculo con esa fuerza todavía poderosa, si bien semejante intento por negociar y superar el conflicto bien podría ser malinterpretado por sus colegas. Con el tiempo la resolución del conflicto le demostrará lo inspirado y valioso de ese comportamiento.

Línea 4: Se recomienda no continuar enfrentando al adversario de forma individual. Así no alcanzará su objetivo de liberación. Hay indicios de que existe una persona de su proximidad que podría ofrecerle consejería justa y útil para encarar las negociaciones y el cambio. Desafortunadamente esta línea indica que a pesar de todas esas evidencias usted no la tomará en cuenta, para su propio perjuicio.

Línea 5: Estando en posición de liderazgo es imperioso que no desfallezca en sus intentos por desbaratar a la fuerza antagónica. Tome en cuenta la red de pequeños afluentes negativos de esa fuerza, si es que persevera en su intento. Haga siempre lo correcto y lo recto. La fuerza de la rectitud le salvará tarde o temprano de esta coyuntura difícil.

Línea Superior: Esta es la línea del poder de la fuerza antagónica. No debe dejar de hacer lo recto y justo en toda oportunidad. Sin desmayos ni renunciamiento, diríjase frontalmente a la acción, sin caer en bajezas o ambigüedades morales en ningún momento. Estas fuerzas obtienen una parte de su poder de la negligencia y desidia ética de quienes se transforman en sus ocasionales víctimas. Persevere en su propósito de actuar con justicia y rectitud y finalmente el poder situado en la cima del Kua, se derrumbará por completo.

LXIV
KOU
EL REGRESO DE LA FUERZA DEL ANTAGONISMO

―――――――
―――――――
―――――――
―――――――
―――――――
―――― ――――

El Kua

En esta posición la fuerza hostil, un tipo de influencia antagónica o condición de adversidad afecta directamente el lugar de trabajo, acarreándole todo tipo de dificultades en el mismo, en las relaciones profesionales y con el público. Puede tratarse de un momento de mengua en la concentración seguido de una tenaz y dura depresión; una condición de desequilibrio que le impide desarrollar a pleno su poder creativo, al extremo de inclinarlo a la destrucción al menos parcial de sus obras. Manténgase firme en medio de este tipo de tentaciones o de cualquier sugestión negadora.

En ocasiones el regreso de la fuerza hostil está representado por una presencia femenina de orden relevante. Sea sumamente prudente, puesto que esta persona habrá de desplegar todo su potencial seductor, tratando de envolverlo y der arrancarle compromisos o acuerdos de las cuales más temprano que tarde usted terminará por arrepentirse. Ante esta nefasta presencia femenina sea reservado y evite expresar de forma efusiva sus sentimientos o estados de ánimo, referir sus planes actuales o futuros.

En otros casos y como otra posibilidad cierta, una presencia masculina asume el control de sus actos, de sus circunstancias, apelando a una apariencia benigna, dócil y conciliadora. Detrás de esta máscara truculenta se oculta una mente poderosa y perversa que no cejará en su intento de subyugarlo y obtener de usted compromisos y acuerdos que resultarán en su total defraudación.

Nos encontramos ante un estado crítico, con riesgo inminente de derrota y de pérdida, por lo cual lo más recomendable es identificar la raíz del problema y a posteriori disponerse a organizar la resistencia, integrando a su grupo de pertenencia, a sus colegas y mentores, quienes también se verán amenazados aunque más no sea lateralmente por el cuadro oscuro que está cerniéndose sobre su vida.

No ofrezca flancos frágiles a la fuerza del antagonismo y de la oscuridad. Despliegue su mayor capacidad de resistencia y abnegación y solo mantenga comunicaciones con aquellos socios, colegas o mentores particularmente confiables, quienes a lo largo del tiempo han demostrado buena voluntad hacia usted y su trabajo.

En todo tiempo de crisis, de transición penosa o de incertidumbre, el Oráculo le recomienda detener el vértigo de la mente y de las emociones, no dar lugar a manifestaciones estridentes, guardar un perfil bajo y sobre todo disponerse a iniciar, imaginar y propulsar un proyecto enteramente nuevo. El poder de la creatividad, de iniciativa en su disciplina, es por sí mismo una fuerza capaz de restaurar el orden, devolverle fuerza y potencial, reinsertarlo en la comunidad que ahora lo segrega y alcanzar a vislumbrar un mejor norte para sus emprendimientos. Evite la confrontación y concéntrese en su propio despacho, oficina o taller.

Las líneas

Línea de base: La fuerza hostil ha iniciado su andadura y recién comienza a perfilarse en su contra. Es hora de actuar rápidamente, intentando sujetarla, inhibirla y desintegrarla, especialmente apelando a la más amplia rectitud y sentido de integridad. Quizás esa fuerza antagónica no le parezca peligrosa: eso la hace especialmente destructiva. Si actúa de inmediato y logra desmadejar este nudo de acciones contrarias, probablemente pondrá fin al cuadro de adversidad que es anunciado por esta línea.

Línea 2: Los enemigos prometen recompensas voluminosas para actuar en su perjuicio. Usted todavía conserva el nivel de influencia y fuerza necesarias para oponérseles con un relativo éxito. No deje de aplicar su energía y creatividad en esta empresa de abatir a la fuerza antagónica, de lo contrario ella se volverá a erguir sobre las cenizas y acometerá contra usted y sus allegados de forma por demás destructiva.

Línea 3: Está a punto de dejarse seducir por las tentaciones sugestivas e hipnóticas de la fuerza hostil. Para su beneficio una intervención providencial impide que usted caiga por completo en tamaña tentación. Alguien bien intencionado interviene y evita que usted se rinda a los pies de su tentador. Reconozca la bondad de esa persona o fuerza y no interfiera en sus acciones. Si evita unirse a la fuerza oscura las cosas funcionarán relativamente bien. Si, en cambio, cede ante ella, el Oráculo le augura una segura derrota.

Línea 4: Ahora que la adversidad retorna, usted conserva un rango de mando. Es alguien influyente, solo que, desafortunadamente no ha cultivado una relación cordial con sus dependientes y asociados. Actúe con presteza y ponga en orden esos vínculos, restaure, sane, ajuste sus palabras y su conducta en estos momentos. Si no mejora sus vínculos con tales dependientes y asociados, la adversidad le afectará de una forma ominosa.

Línea 5: En sus manos está la fortaleza necesaria para poner bajo salvaguardia a los asistentes y colegas más cercanos, evitando con ello que sean acosados por la desventura. Si lo hace de una forma discreta y sin aspavientos, la buena fortuna le sonreirá, sus compañeros de ruta le honrarán y reconocerán en usted el líder adecuado para esta y otras ocasiones confusas.

Línea Superior: No podrá evitar chocar con la fuerza antagónica. No sea extremadamente belicoso, puesto que esto lo derribaría más rápidamente. Cumpla con sus deberes y no se vincule con el adversario tentador. Aunque alguien sienta celos de usted, esto no lo debería desequilibrar.

XLV
TS'UI
LA REUNIÓN

El Kua

Conforme a la dinámica de este hexagrama, el ensamblar, asociar, unir o amalgamar técnicas, diversas disciplinas y procedimientos, potenciará su competencia a grados muy elevados. No necesariamente nos referimos a una técnica audaz, pero bien podría interpretarse que las bases teóricas de la misma entran en juego en esta fase de su labor reconstructora de su potencial. De forma que no debe renunciar a experimentar, a ensayar, reuniendo en su taller, en una mayor síntesis metodológica, diversas competencias, especialmente si cada una de ellas por separado no le satisficieron plenamente.

A nivel de las relaciones con colegas o mentores, el participar de una reunión, de un encuentro de voluntades, redundará en su completo beneficio y en el del conjunto. Son momentos ideales para dar cabida a iniciativas unificadoras. Para ello es indispensable que todos los integrantes del grupo desarrollen, elaboren y honren las consignas que el mismo se dé para facilitar la dinámica interna. Cuanto más claras y específicas sean las pautas y la razón de ser de la reunión de voluntades, más influyente y perdurable será el proyecto.

Particularmente para el consultante, esta configuración resulta un llamado de atención sobre la ventaja de darle vida a un nuevo taller, a una suerte de sociedad con colegas afines interdisciplinarios, para lo cual, como antes se recomendó, la claridad y la transparencia de propósitos es algo esencial.

Tenga en cuenta también que usted habrá de ocupar el rol de poder o mentor del grupo y que para ello debe comportarse con suma lealtad, honestidad a toda prueba, regularidad y disciplina de trabajo. En la medida que siga estas recomendaciones la posibilidad de expandirse y de alcanzar logros de importancia se potencia doblemente.

Tal parece que una persona calificada que está en su proximidad puede ofrecerle sabios consejos sobre esta reunión de voluntades que usted presidiría. Apele a su saber y no deje de observar las pautas y consejos que esa persona le vaya ofreciendo a lo largo de las entrevistas que mantenga con ella. Es una oportunidad preciosa de aprender y poner en práctica ideas colectivas valiosas.

Ofrezca algo sustancioso y no evite la relación con personas con las que no tiene una completa afinidad. La vida le pondrá a prueba acercándole estos individuos contrastantes; no ceda a sus primeros impulsos de deshacerse de ellas. De su generosidad, rectitud y amplitud de miras depende el éxito de esta nueva versión laboral. Puede que deba hacer algunos sacrificios y que se vea ante algún riesgo. No se amilane ante nada y siga adelante, puesto que se trata de vicisitudes propias de todo comienzo de un emprendimiento que tiene la posibilidad cierta de triunfar.

Las líneas

Línea de base: Con el objetivo de conformar un equipo de trabajo, un grupo, usted ha perdido de vista a necesidad de ofrecer a sus integrantes un incentivo, una ratificación estimulante, una razón de ser, una visión y una meta. Es visible que estas personas se muestran renuentes debido a que no alcanzan a visibilizar un líder y un programa. Haga que su solvencia refuerce los vínculos ya existentes y contribuya a la definición del programa y de los roles de este equipo de trabajo.

Línea 2: Una persona involucrada con la actividad que usted realiza le hace sentirse atraído hacia ella. Considere que en estos momentos no es suficiente con demostrar interés; se requiere compromiso, planes y si fuera necesario una inversión de dinero para consolidar la unión que, por otra parte, asoma como auspiciosa y conveniente.

Línea 3: Puede que existan dudas sobre su sinceridad y capacidad de compromiso, de parte de los integrantes del grupo al que usted aspira a ingresar. No se indigne por esto, al contrario, trate de vincularse con alguno de los integrantes del equipo y muéstrese muy bien predispuesto para asumir responsabilidades y funciones en esa esfera de acción. El Oráculo indica que si obra con inteligencia, presteza y claridad, alcanzará el éxito.

Línea 4: Le han encomendado el sumar voluntades para el grupo de trabajo. Esta actividad de reportará una buena cuota de reconocimiento y suceso. Puede levantar resistencias en alguno de los miembros del grupo. Si usted no renuncia a proceder con modestia y sin alharaca, finalmente los motivos de desconfianza e inquina habrán de desaparecer y usted alcanzará un relieve dentro del equipo de trabajo realmente significativo. Éxito y popularidad.

Línea 5: Aunque en estos momentos no dirija al grupo en cuestión, ocupa una posición singularmente influyente para sumar voluntades al programa conjunto. Si conserva la modestia y es genuino hasta en los mínimos detalles, aquellos que aún dudan en unirse finalmente lo harán y con seguridad usted habrá de ser entronizado en un rol central, eventualmente como líder y portavoz del grupo.

Línea Superior: No se integró al conjunto a tiempo. Parece demasiado tarde, sin embargo si busca a los impulsores de la idea y habla con ellos con franqueza y modestia, finalmente será admitido entre ellos. No sea brusco ni intempestivo. Si procede con moderación y amabilidad las puertas se abrirán para usted de par en par. Persista en el empleo de medios nobles y todo marchará bien.

XLVI
SHENG
EL ASCENSO

—— ——
—— ——
—— ——
————————
————————
————————

EL Kua

En estos momentos está especialmente indicado el elevar las miras en la calidad de su trabajo y en el contacto con profesionales notorios que lo puedan respaldar. La perspectiva en sus quehaceres apunta al más amplio despliegue, no se inquiete por el curso que toma la suerte de su disciplina profesional: las energías de estos tiempos le dirigen a la elevación de miras y al delineamiento refinado, casi sublime, de sus aristas más sobresalientes. Trabajos grandes o de largo aliento podrían estar muy bien aspectados por esta configuración, particularmente si usted deja de pensar en el éxito esplendido que seguramente alcanzará con ellos y ordena su tiempo, el tiempo que le dedique a su actividad, en módulos o medidas de tiempo, alineadas con los días, las semanas, las estaciones y el curso de los astros.

Busque la inspiración del universo en la forma como se ordena para presentar al escenario general una propuesta sanadora henchida de gloria y belleza, de profundidad y de idoneidad no exentas de magnificencia. La magnitud de su dedicación no debe arrastrarlo a los excesos en el uso del tiempo y de la energía que le insuma la labor.

Sea ordenado y meticuloso, en esto estriba buena parte del suceso que le aguarda, siempre y cuando cumpla con las reglas más virtuosas, particularmente considerando que usted, el trabajador, es uno con su actividad, y que de esta interacción perfectamente ensamblada procede la venturosa conjunción de fuerzas indicada por este Kua.

Un caso desafiante puede fácilmente arrastrarnos a la incertidumbre o el desprejuicio si uno intenta contemplarlo ya concluido, antes de haber iniciado la tarea. Camine regular y gradualmente hacia la cima de la montaña, dando pasos seguros y firmes, deteniéndose en cada detalle, en lo esencial y en lo accesorio, sin descuidar la forma ni el fondo. La grandilocuencia quizás no resulte en todos los casos la magnitud operativa adecuada; examine los casos en perspectiva, sea amplio. Si la actividad le demanda plena atención y consecuencia, el efecto magnífico se multiplicará exponencialmente.

Probablemente necesite del consejo o la consideración experimentada de otros especialistas. No evada la posibilidad de compartir con ellos su trabajo y de apelar a las sociedades. Estas acciones correctamente ensambladas le enriquecerán profundamente y le facilitarán la realización exitosa del trabajo que tiene entre manos.

No tema a riesgos inesperados, el éxito está garantizado. Practique la lealtad y sus colegas serán leales con usted, ahora y en cualquier otro momento.

Si actúa con nobleza y dignidad alcanzará la ascensión pronosticada por este hexagrama y su buen nombre perdurará.

Las líneas

Línea de base: En el inicio del trabajo, puede que se encuentre solo y con dudas sobre sus recursos. En estas circunstancias la solución infalible es la elaboración de un plan y la visualización de una meta afín al caso que tiene entre manos. Necesariamente ha de ser constante y consecuente con ambos, si quiere alcanzar aquello que parece estuviera señalado para estos tiempos en su vida: el éxito, la buena fortuna y un apreciable reconocimiento público.

Línea 2: Cuenta con un temple y un vigor únicos, aun cuando no se sitúa en la posición de control y dirección. Ahora es el momento para destinar un interés concentrado sobre sus esfuerzos, sobre la factura de las obras. La energía que aplique no ha de ser extrema, sino constante y persistente. No abuse de sus fuerzas ni de su capacidad reparadora. Se requiere asistencia en el mando; no tema, el asistente escogido no lo abandonará, por el contrario, si muestra simpatía y buenas formas seguramente establecerá una relación perdurable que le habrá de resultar muy ventajosa.

Línea 3: En esta posición usted cuenta con todo lo que es necesario para avanzar. No surgirán problemas en el camino. Además usted cuenta con la aprobación de sus mentores profesionales. Avance con seguridad, sin titubeos.

Línea 4: Será reconocido y honrado por quienes gestionan su actividad, y consiguientemente por el público y la comunidad profesional. Conserve la modestia y su éxito se volverá duradero.

Línea 5: Su objetivo está cerca, usted ostenta una posición influyente y es reconocido. En estos momentos evite toda ostentación y el mezquino sentimiento de superioridad. Conserve el equilibrio y la modestia y esto le asegurará que el éxito continuará. Aplique la cautela, la moderación y cultive las reglas doradas de las correctas relaciones humanas y no tendrá nada que temer.

Línea Superior: No lleve su éxito demasiado lejos. Ha alcanzado el mayor suceso posible, particularmente en cuanto a la factura de sus tareas. No se exceda con ello, no se envanezca. Guarde las formas y predispóngase positivamente para el camino. Nuevas experiencias en su formación le esperan y usted no debe agotar su energía en pavoneos ni en inútiles vanidades. Siéntase satisfecho con lo alcanzado, no presione a los jefes ni al público. Afírmese en sus valores y siembre el terreno con la semilla de la nueva y fértil inspiración que luego llegará.

XLVII
K'UN
OPRESIÓN

―― ――
――――
――――
―― ――
――――
―― ――

El Kua

La presente configuración advierte sobre el surgimiento de factores externos de carácter restrictivo, de aspecto amenazador, perturbador, que en los hechos se traducirán en una continua condición de agobio y limitación. En ocasiones y ante la elaboración de los trabajos, el operario se siente desmoralizado y apabullado, entendiendo que su actividad habrá de terminar en fracaso, que la comunidad y sus pares, los colegas y clientes, no le respaldarán. Una suerte de desolación se extiende por sobre todas las realizaciones y emprendimientos, haciendo que el profesional se encuentre muy desanimado y que dude sobre la continuidad de su proyecto de vida. Ante la adversidad uno debería apostarse con la dosis de firmeza y de temple que todavía tuviera disponible, estudiar las consejerías y la sabiduría de los antiguos y no dejarse atrapar por lo engañoso de las apariencias.

Eventualmente la vida nos muestra un rostro sombrío y amenazante. Esto puede ser asumido como un desafío, como un reto, a partir del reconocimiento de que nos hemos dejado llevar por la negligencia, la comodidad, la falta de vigor interior y que, en consecuencia, lo natural es vernos sometidos a presión, para que nuestra capacidad de resiliencia aflore y nos haga salir adelante.

Adoptar medidas en estos tiempos no es precisamente lo más recomendado. Cuenta el dejar en statu quo las cosas, permitir que la condición estanca de los hechos y las circunstancias decante, para finalmente pasar con total naturalidad a otra fase, a la fase que sigue, en la cual seguramente surgirán renovadas fuerzas interiores y condiciones externas favorables para resolver los problemas que el estancamiento de nuestros tratamientos nos pudo haber generado.

Recurrentemente el proceso de transformaciones y cambios adopta la forma de la opresión, de la adversidad, y esto, como se dijo, debido a que es el medio que la vida emplea para alcanzar a producir en nosotros un despertar, un despertar a partir de la auto-decepción y del sufrimiento. De otra forma tal vez no progresaríamos ni dejaríamos atrás modalidades de conducta básicamente inconsistente e inconvenientes. El dolor es un gran maestro sólo en la medida que sepamos con certeza que todas las cosas fluyen, cambian, y que de una condición se pasa a otra, fundamentados con el aprendizaje y la experiencia obtenidos en momentos como el presente.

Evite las vanas lamentaciones y las quejas, una emoción negativa básica fuertemente paralizadora y por completo inútil. Predispóngase también abnegada y creativamente para salir adelante, aprendiendo lo que sea necesario y desechando las prácticas obsoletas e inconducentes. Hágalo con determinación, porque en períodos como estos se pone en juego cuanto hayamos atesorado en nuestra mente y en nuestro corazón de valioso, noble e intrépido: aptitudes que nos pueden convertir en prácticos de la disciplina más noble de todas: el honrar a la vida.

Las líneas

Línea de base: El infortunio y la adversidad le acechan por todas partes, pero usted no adopta medidas de ninguna naturaleza, permitiendo que la situación se deteriore aún más. Urge el adoptar acciones enérgicas a fin de enderezar las cosas. No caiga en irresponsables lamentaciones: con ellas sólo profundizará la crisis. Solicite consejos, busque respaldo, actúe. Este proceder eventualmente puede transformar la adversidad en un motivo de ventura.

Línea 2: El presente cuadro crítico le impide vivir con naturalidad y cumplir con sus compromisos. Tampoco sus mentores, directores y colegas le ofrecen apoyo. De cualquier forma alguien con estatus y mando puede aparecer y ofrecerle auxilio. Muéstrese agradecido, la gratitud es un sentimiento noble y enaltecedor. No comience nuevas obras, no todavía.

Línea 3: Imagina que las circunstancias no podrían ser peores y este juicio es absolutamente desproporcionado. Sólo aumenta la dificultad. Con semejante nube mental, no estará en condiciones de reconocer y admitir ayudantes de buena voluntad. Use el sentido común y no se condene por anticipado al más completo fracaso.

Línea 4: Más allá de que no corre riesgos alarmantes en esta situación, se muestra tan atemorizado que, de continuar con ese sentimiento negativo bien podría perderlo todo. Esta emotividad le avergüenza haciendo que sus colegas y mentores no le acompañen en estos momentos con la dedicación necesaria. Muéstrese esperanzado ya que tarde o temprano alcanzará a materializar sus objetivos.

Línea 5: Ostenta un rol de mando y siente la inclinación de socorrer a sus subalternos y ayudantes. Sin embargo, éstos y sus mentores le causan algunos problemas, produciendo una mayor dificultad para salir adelante. Incluso sus amistades más íntimas podrían transformarse en obstáculos y trabas en estos tiempos. Asuma con ecuanimidad y pacientemente los hechos: este proceder le asegurará el éxito más adelante. Cultive una gratitud reverente hacia todos, puesto que estos sentimientos están en la naturaleza del éxito.

Línea Superior: La adversidad y el sentirse oprimido pronto pasarán. Su mentalidad pesimista y el vivir anclado en las penurias del pasado le impiden vislumbrar las señales de cambios constructivos. Esto le inhibe de dar los pasos aconsejados en semejantes circunstancias. El emprender actividades desprendidas y constructivas redundará en su completo beneficio.

XLXVIII
CHING
EL MANANTIAL

El Kua

Esta suerte le informa sobre la fuente de la abundancia inagotable, de la provisión de inteligencia y sabiduría, prosperidad y recursos de toda naturaleza, presente en la llamada mente universal o mente divina en algunas tradiciones propias de los sabios de la antigüedad.

Bajo esta configuración usted debería investigar y nutrirse del saber operativo de técnicos e idóneos del pasado y contemporáneos, sus métodos, decálogos de trabajo, motivos de inspiración; documentarse muy ampliamente sobre la latitud y el significado de la especialidad en la cual trabaja.

Dar es recibir, no lo olvide, y esa es la fórmula pendular de la vida con mayúsculas, si lo prefiere del universo entero.

Uno debería contemplar la forma en que la naturaleza nos entrega gratuitamente su belleza, su vitalidad y su poder y replicar, al menos parcialmente, esa modalidad de ser en su propia existencia. La obra de arte del mundo, la gran sinfonía, el trabajo magistral, la construcción planetaria, la escultura viva del genio trascendente, no es otra cosa que la naturaleza misma, la única fuente real y constante de inspiración. Aun cuando usted sea un dependiente en el trabajo, que intenta prescindir de las rutinas sus antecesores en ese campo, es bueno admitir que su versación le fue entregada por la vida, por la naturaleza, que es parte indivisible del universo y que el dar una parte significativa de su energía productora a la vida, devolverla elaborada, evolucionada y modificada correctamente, no es otra cosa que un acto de estricta justicia.

Tenga presente que en estos momentos no proceder de la forma indicada, alimentándose del manantial del saber metodológico y prodigando su asistencia a los demás de una forma munificente, tenga en claro que de no seguir las reglas del juego dinámico y justamente distributivo, alguna forma de adversidad, de contrariedad, de bloqueo, sobrevendrá, simplemente para recordarle su pertenecía a la familia humana toda, a la naturaleza y a la vida, así como la responsabilidad retributiva que el dominio y ejercicio de las destrezas que aquellas pusieron en sus manos, trae consigo. No lo olvide nunca: nútrase de belleza u osadía y compártala con igual dosis de gozo y valor.

En tal sentido este Kua también alude a la unión o encuentro con otras personas cercanas a su gestión laboral; en estos momentos resultará por demás auspiciosa cualquier práctica que ayude a la reunión, a la integración y a la consolidación de los vínculos humanos y profesionales.

Unirse con una persona en particular, que se volverá visible en estos tiempos, resultará en una posible asociación, muy ventajosa para ambos, que usted no debería desdeñar.

Las líneas

Línea de base: Las «aguas» del manantial están corruptas y se han vuelto inservibles, ya no prodigan inspiración ni entendimiento a los demás. En la medida que esta línea aluda al consultante, este debería reflexionar hondamente sobre las causas generadoras de la presente corrupción, arruinando todo cuanto de rico, pródigo y constructivo supo ofrecer en el pasado. La vía recomendada para purificar una vez más las aguas del manantial es la transformación más completa de la condición mental y existencial, siempre apelando a la luz que los sabios han transmitido al mundo y a la que uno debería recurrir una y otra vez, especialmente cada vez que la sombra del error y la negligencia lo amenazan todo.

Línea 2: Su relativa independencia no significa triunfo necesariamente: usted ha permitido que su luz decline y se oscurezca, ha actuado con ligereza estropeando cuanto de saludable y noble había en sus trabajos y en su vida. Se ha vinculado con individualidades orientadas al caos y a la desidia y esto le ha contaminado. Sin embargo es un ser noble que aún puede restaurar el templo interior y recuperar el camino perdido, profesional y humano.

Línea 3: Se ha limpiado por dentro y fuera pero aún no ha sido descubierto por quienes podrían influir positivamente. No desfallezca. Al final obtendrá el éxito.

Línea 4: Mientras encamina su purificación, antes que los demás le reconozcan y aplaudan usted debería aplicarse a trabajar en su línea de actividad curativa. Tarde o temprano se volverán a abrir las puertas de la oportunidad.

Línea 5: Se ha elevado a una posición de mando y sus obras e influencias, palabras y acciones le han erigido a alguien confiable en el ejercicio del liderazgo, casi un visionario o pionero en la disciplina que cultiva. Ofrezca su saber y su energía a sus colegas y mentores y esto multiplicará la felicidad.

Línea Superior: Es un manantial puro del que todos deberían beber. Expanda sus luces y perfecciones en todas las direcciones; comparta su saber y su destreza beneficiando al grueso de aprendices en el oficio que necesitan de pan e inspiración para salir adelante. Únase a sus pares y consolide su posición, una parte esencial de un proyecto colectivo, vital y superador.

IL
KO
LA REVOLUCIÓN

‗‗‗ ‗‗
‗‗‗‗‗‗
‗‗‗‗‗‗
‗‗‗‗‗‗
‗‗‗ ‗‗
‗‗‗‗‗‗

El Kua

En las presentes circunstancias usted tendrá la impresión e incluso evidencias muy sugestivas de que la elaboración y materialización de sus curas, así como la aprobación e interés de sus mentores y del público, habrán de resultar en un verdadero suceso profesional. Existe la tentación ante la energía que se percibe en esa dirección de dejarse estar, adoptar una actitud de comodidad y autosuficiencia y sencillamente confiar en la fuerza del destino. Nada más erróneo. El tiempo que se aproxima es altamente prometedor, pero no por ello usted debería entregarse a la lasitud y la negligencia, por el contrario, debería formarse más y mejor y preparar su trabajo de la forma más consciente y estratégica.

Una revolución no es sino la perfección del proceso del cambio, un refinado armonizarse con las transformaciones y el curso de los ciclos de la vida. Actuando en consonancia con esta regla general, usted se adaptará a las entrantes energías del éxito y trabajará creativamente de una forma vigorosa y entusiasta, recibiendo a cambio reconocimiento y gratificaciones especiales. Sea cuidadoso respecto al seguimiento de modas o tendencias pasajeras. No es recomendable adoptar semejantes facilidades en el campo médico que usted cultiva. Por el contrario debería encarar su propia y singular renovación, montándose a la ola viva del cambio, ofreciéndose como un agente o vector de una corriente propositiva, ética y conceptualmente, capaz de llamar la atención y de recibir la aceptación del colegio de colegas y del público. Se trata de un período donde le resultará sencillo obtener la anuencia y entusiasmar a sus colegas, mentores y a los pacientes en general. Si no pierde de vista el poder de adoptar una inclinación positiva, comunicará, contagiará a todos con su propio entusiasmo, dándole forma a una fuerza colectiva de proporciones, que no se verá bloqueada en su avance en el campo de la cultura y de la dinámica de la sociedad en la que vive.

No deje de observar los valores de rectitud y justa medida en todo momento. Ahora que su capacidad de conducción e influencia crecen y se transforman en promotoras de un cambio, hágase consciente de la responsabilidad que esto conlleva, en el orden humano y civilizatorio y en el nivel de las relaciones interpersonales.

Aun tratándose de un período particularmente signado por las transformaciones exitosas en la vida de un sanador, cada uno de ellos ha de reforzar sus valores y aplicar su mejor calidad humana en cualquier campo en el que sea llamado y deba entrar en acción. Esto garantizará el éxito y le permitirá avanzar sin riesgos mayores hacia la siguiente estación dentro del gran ciclo de la existencia que usted ha construido y que se ha ganado por méritos y talentos. No se olvide de coordinar las actividades comunes de otros tantos colegas que también se verán muy gratificados: diseminar su actual carisma exitoso es parte de lo que se espera de usted.

Las líneas

Línea de base: El tiempo de la gran transformación no se encuentra en el horizonte inmediato. Usted posee todas las condiciones para triunfar, pero si inicia su emprendimiento antes de tiempo, seguramente los esfuerzos desplegados no serán suficientes para materializar éxito y prosperidad. Trabaja en la elaboración de sus proyectos, pero de forma reservada, sin participar a otros sus ideas. Sólo participe sus iniciativas a las personas de suprema confiabilidad.

Línea 2: El tiempo de recoger los frutos de la acción ya está aquí. Aunque la situación se muestra más que promisoria, no debe dejar las cosas al azar. Por el contrario debería concebir un programa de actividades, de pasos a dar, para lo cual y especialmente es muy adecuado dar vuelo a su rica imaginación. Es la fiesta de la creación y de la imaginación y su fructificación. Se maravillará por las cosas que ahora obtenga.

Línea 3: Cuenta con todo lo requerido para triunfar, sin embargo no es el momento para avanzar ni para desplegar sus cualidades técnicas. El tiempo adecuado aún no se presenta. La gran oportunidad llegará antes de lo que usted piensa. No malgaste su tiempo ni su energía en vanas cavilaciones. Concéntrese firme y recurrentemente en elaborar planes y en preparar el campo para la inminente circunstancia ventajosa.

Línea 4: Cuenta con todo lo que se requiere para «montarse en la ola de los cambios» y obtener beneficios cuantiosos. No deje de buscar a individuos con mando e influencia a fin de respaldarse y de reforzar su plan de acción. Si sus motivaciones son correctas y si ha consolidado relaciones honradas y poderosas con personas de autoridad y ascendiente profesional y social, habrá empleado el tiempo adecuadamente y consolidará su buena posición respecto a los cambios que se avecinan.

Línea 5: Ha entramado una red de individuos bien inspirados muy positivamente. No dude en convertirse en la fuerza que encabeza ese movimiento, los nuevos tiempos, los cambios que sobrevendrán. De cuan correcta e inspirada sea su voluntad transformadora dependerá el nivel de éxito y de expansión que sus planes alcanzarán ahora y en el transcurso del tiempo.

Línea Superior: Usted ya ha interiorizado los cambios y los ajustes necesarios, en su mente y en sus manos, de forma que la acción emprendida ha sido satisfactoriamente ennoblecedora. Sus aliados no necesariamente operaron ajustes y cambios de índole profunda, pero no es posible esperar otra cosa en este contexto. Es tiempo de aguardar el movimiento estratégico de las fuerzas de la vida y no introducir nuevas variantes ni iniciar otras aventuras creadoras. Dese por satisfecho con el cuadro que emerge en estos momentos y procure equilibrarse y esperar el cambio en paz.

L
TING
LA MARMITA

--- ---

El Kua

Sus tareas habrán de proporcionar a todos sus contactos, al público en general, sobrados motivos de dicha. Se trata de un trabajo que amén de constituirse en una muestra vida de genio y destreza, a través del aspecto ético trasmite una luz, una sabiduría en la elaboración y en la selección de sus métodos operativos, convencionales y complementarios, que todos ellos conjugan una perfecta síntesis de equilibrio inteligente y profundamente removedor. El símbolo de la marmita remite al recipiente donde se cuecen y sirven los alimentos de mejor calidad, correctamente preparados, capaces de prodigar renovadas energías en todos los terrenos, y con ello ofrecer motivos superiores de crecimiento, cualquiera sea el sentido que se le conceda a esta expresión; crecimiento en tanto trascendencia del nivel habitual en que se encuentra la persona a quien la obra va dirigida; un inmenso potencial inspirador, promotor de comprensión e inteligencia, así ética como procedimental.

Esta idoneidad incuestionable se ha de alcanzar por medio de sucesivos estudios, pruebas y correcciones, de distintos abordajes que finalmente se unifican en una modalidad metodológica capaz de transformar la condición técnica inicial, en una destreza completa, colmada de luz y embriagador poder atractivo. Tenga en cuenta que todo esto se ha de buscar por medio de la investigación en su campo específico, el estudio, la formación y la práctica.

El proyecto que actualmente tiene entre manos está dotado de este poder profundamente nutricio, el poder de enriquecer y sanar la vida del resto de los mortales. Cultive su interior tanto como la destreza técnica y el don de apreciación de lo nuevo y genial y de lo clásico. Refuerce sus propias habilidades hacedoras por medio de la contemplación y de la indagación en el terreno que otros colegas que lo precedieron dejaron sembrado de pautas luminosas y preclaras. Usted mismo en las actuales circunstancias puede convertirse en semilla, sembrando nuevas y pródigas líneas de acción, que seguramente calarán hondo en la mente y en los corazones de los demás y que dejarán una huella imborrable.

Como la marmita en la que se cuece el alimento, ponga de su parte una cuota de calor y templanza capaz de cocer, de darle forma al producto alimenticio y sanitario que, en este período es exactamente el que usted está trabajando, el que tiene entre manos. Aplique su talento a la elaboración más perfecta de la pieza que le tiene ocupado y obtendrá del interior de la marmita, su propia mente como recipiente y continente de la luz superior, un producto deliciosamente preparado y virtuosamente terminado, para gozo y disfrute del resto de sus congéneres.

Las líneas

Línea de base: Como la marmita cuando es dada vuelta para volcar su contenido, usted debería dejar ir, sacar de su mente suposiciones y creencias, respecto a la latitud de su disciplina y a los medios adecuados, que le alejan de la posibilidad de elaborar unas tareas perfectas como las que siempre ha soñado. Trate de depurar su conciencia y luego visualice con nitidez y claridad el objeto de su búsqueda reformadora. No intervenga caprichosamente en el curso de la imaginación creativa. Una vez que defina los contornos de cada técnica nueva ponga todas sus energías en actividad.

Línea 2: Cuenta con inspiración y creatividad en una gran proporción. Es tiempo de que aplique su potencial en la elaboración de trabajos que equilibren y alimenten a los demás. Es lo más indicado por el Kua. Deje de lado toda creencia apriorística y aplíquese a unificar lo más sustancioso y edificante que le sea posible. Podría despertar envidias, pero estos sentimientos no lo habrán de bloquear.

Línea 3: Aunque cuenta con un gran potencial no está cerca del círculo de personas influyentes que traman el destino de los operarios. Es tiempo de calificarse, de estudiar, investigar y practicar. Con el tiempo este período de auto-cultivo se transformará en una época de éxito y de reconocimiento, naturalmente en la medida que usted lo haya empleado para perfeccionarse y aprender.

Línea 4: Por más que ponga su mayor voluntad en la actividad que ha emprendido, no es este el momento en que verá los resultados. Por sobre todo ha de mejorar sus dones y sus técnicas y preparar el terreno para los períodos de realización y de reconocimiento. Estos llegarán sólo en la medida que emplee este momento para edificar la estatura que se requiere para triunfar razonablemente en el mundo por el que pujan junto a usted un sinnúmero de mujeres y de hombres que aman lo que hacen.

Línea 5: La marmita tiene metales nobles en su confección y cuenta con argollas poderosas: usted se ha transformado en un verdadero mentor en su campo de actividad, en una poderosa fuente de inspiración, capaz de nutrir por igual al lego y al erudito. No abandone su disposición a equilibrar y sanar las vidas de los demás. Su responsabilidad es ahora muy grande y usted debe actuar con honor, conforme a la importancia y significación que ha adquirido.

Línea Superior: Las argollas de la marmita son de gemas preciosas muy nobles y resistentes, tal cual es usted. Continúe diseminando su inspiración y ofreciendo su arte terapéutico con humildad y generosidad. Los premios que la vida pondrá en su camino no pueden ser descriptos con palabras. Especialmente porque su crecimiento y prosperidad será de un orden superlativo, lo cual incluye una visión preclara e implicada de la vida superior, del supremo arte de la vida.

LI
CHEN
LA CONMOCIÓN

—— ——
—— ——
——————
—— ——
——————
—— ——

El Kua

Algo relacionado con sus tareas, particularmente con aquella que tiene entre manos, habrá de ocurrir, y esta situación puede adoptar diversas variantes. Existe la posibilidad de que la acción en cuestión se vea inhibida, o bien que en el curso de su ejecución usted la distorsione o la estropee mayúsculamente. Desde otro punto de vista la conmoción que se cierne sobre usted y su trabajo puede tener que ver con un rechazo, una crítica negativa en un medio de prensa o en las redes sociales, una caída brusca en el buen nombre, una ejecución frustrante de la que cree nunca se podrá recuperar.

En primer lugar el Kua le enseña que este evento que lo golpea o lo golpeará pronto viene de las entrañas mismas de la existencia, es un acto que se encuentra estrechamente relacionado con su quehacer en el pasado, con las deudas, situaciones truncas, oportunidades despreciadas, malas decisiones, que en estos momentos recobran importancia, asumen el primer plano bajo la forma de un incidente difícil de sortear y generalmente productor de sufrimiento, padecimiento y eventualmente factor de pérdidas y de enjuiciamiento severo a su talento y destreza técnica. Una situación como esta debería enseñarle a ser cauto y a nunca abusar de los sentimientos eufóricos ni, por otra parte, dejarse llevar por la depresión, incluso por la violencia en sus reacciones. Cada una de estas emociones ten consecuencias en el tiempo y en el mejor de los casos tratan de templarlo, de educarlo, de obtener de usted la mejor predisposición, la más amplia abnegación y el compromiso de reparar los daños que usted ocasionó en el pasado, trabajando con consciencia y en beneficio de los demás seres humanos.

Ante este golpe inminente aplica el examinar a fondo los hechos, su conducta, sus decisiones, el tratamiento escogido, las líneas de su diseño, los medicamentos aplicados, la fuerza puesta en el realizar las obras, puesto que detrás de cada una de esas acciones se encuentra presente una advertencia sobre lo errático y desaconsejable que ha sido su camino, el camino que ha escogido y que ahora le aproxima a un golpe de infortunio y de rechazo.

Serénese, baje la guardia, deje de estar a la defensiva a punto de saltar sobre sus contradictores, sobre quienes lo enjuician e interpelan. Es tiempo de madurar mediante el Tao de la adversidad, ya que del aprendizaje que extraiga de estas situaciones usted podrá extraer la quintaesencia sapiencial, que siempre se necesita para obrar equilibradamente y no provocar a las fuerzas de la vida en su contra.

No importa la forma que adopte la crisis que o bien ya está sobre usted o está en camino. Ha de actuar con madurez, sin innecesarios desencantos y sin acopiar frustración ni ira. Todos estos juegos mentales son harto desaconsejables y en ningún caso facilitan las cosas y muchos menos le permiten sobrellevar la dinámica áspera de estos tiempos con una dosis de ánimo y de sana predisposición superadora.

Las líneas

Línea de base: Se ha desencadenado o está a punto de presentarse una situación que le conmoverá. Puede tratarse de un problema de salud propia, un accidente en el lugar de trabajo, algo que lo llenará de temor por un tiempo. Esta desventura pasará, por lo cual intentar anularla adoptando medidas no es realmente aconsejable. Si se permite experimentar esta vivencia probablemente saldrá beneficiado y potenciado.

Línea 2: Algunos de sus valores, de sus actividades saldrán de su control. Puede que se desvirtúen o le critiquen incompasiblemente. No salga desesperadamente a buscar responsables. La dinámica de la situación enseña que si usted evita reaccionar dramáticamente, sus posesiones y reconocimientos le serán restituidos en algún momento en más o menos tiempo.

Línea 3: El impacto de los hechos le atemorizarán. En este cuadro es positivo adoptar medidas para superar el temor y reponerse. No ensayar algo para trascender esta situación, por el contrario, sí lo arrojará a la desventura, prolongando su sentimiento de temor y agobio, junto con una profunda frustración e incluso sentimiento de inutilidad como artista y como ser humano.

Línea 4: Usted siente que su posición es poderosa, razón por la cual una vez que se presente la desventura anunciada le sorprenderá en pésimas condiciones para aceptarla y evaluarla. Puede llegar a sentir que la tierra debajo de sus pies se abre y le devora. Es urgente que actúe e intente liberarse de los aspectos más duros de este cuadro. Abandone el sueño, el sopor mental y entre en acción.

Línea 5: Es posible que le golpeen una tras otras sucesivas instancias de desdicha y dolor. Prepárese para mantenerse firme y auto-controlado, sin perder el aplomo ni un razonable nivel de implicación en las circunstancias desdichadas. Conserve la calma y haga todo lo que esté a su alcance para proteger sus obras y sus valores, incluso para salvaguardar las obras y los valores de otros colegas y socios. Si actúa con determinación y no se muestra amilanado ni paralizado es probable que recupere sino la totalidad, una parte importante de sus posesiones.

Línea superior.: La conmoción se presenta con un volumen y envergadura inusitados, inmensos. Incluso otras personas próximas a usted podrían ser arrastradas por este cuadro de desventura dantesca. No intente movimientos enérgicos ni adopte medidas tajantes, aun cuando sus colegas, mentores y amigos le reprochen por ello. Lo correcto en esta emergencia es conservar la calma y aguardar a que la configuración ceda y la conmoción pase.

LII
KEN
LA QUIETUD MENTAL

————— —————
————— —— —————
————— —————
————— —————
————— —— —————
————— —————

El Kua

Explore el silencio, pause su actividad, dilate el torrente continuo de su pensamiento, evite el rumiar, en especial si su actividad lo ha llevado a convertirse en un «taxidermista furtivo». Vuelva sobre sus pasos y contemple sus obras con ojos nuevos. Desconfíe de las palabras efusivas y prestigiosamente críticas. Deje de justificar su quehacer por medio de argumentaciones y soliloquios grandilocuentes. Permita que su idoneidad y sentido del honor hablen por sí mismos.

Ha llegado el momento de suspender, ya sea una obra en curso como su febricitante hábito de pensar automática y defensivamente sobre todo lo que rodea su actividad. Explore la posibilidad cierta de transformar el lugar de trabajo en una suerte de refugio o de sala consagrada a dar vida a lo más sublime contenido en la paciente naturaleza, en su mente silenciosa, en su corazón, en el corazón de su mente.

Sintonice otra frecuencia, busque inspiración en disciplinas complementarias, en la sabiduría de los antiguos, por ejemplo, y abstráigase completamente liberándose de la fruición por definir o rotular intelectualmente las cosas. Confíe en la naturalidad y espontaneidad creadora que desciende a usted desde el elevado centro interior, desde su naturaleza real e impersonal, desde su yo universal.

Esta necesidad de silenciar su despacho, su lugar de trabajo, en última instancia su mente y sus manos, debe significar un sincero compromiso de comulgar con la obra de arte de la naturaleza y el mundo, con absoluta prescindencia de las vanidades profesionales y de los derechos de autor. Este kua le demanda entereza para vérselas cara a cara con su manías y hábitos mecánicos y le interpela hondamente para que detenga esa corriente febril de palabras e imágenes parásitas que le atraviesa permanentemente.

Si usted intenta una nueva vía para abordar su vida y sus curas seguramente se verá sorprendido por los frutos, por los productos de un tipo de empuje terapéutico despojado y fluido. Atrévase a trascender el control por medio de la amplitud, rompa con la comodidad de las técnicas y procedimientos ordinarios. Evite encapsularse. Si es necesario permítase descender a los infiernos de su mundo subconsciente a fin de liberar a la verdadera esclava de semejante maraña mental: su propia alma, la verdadera y superior fuente de inspiración de cada ser humano, artista u obrero, sanador o dependiente, joven o anciano.

Contemple, disfrute del gozo estético, aprecie las luces y las sombras del día. Es el camino necesario para plasmar luego en su arte la energía vital, el poder de los elementos, la brillantez y el esplendor de los astros ocultos.

Preste atención a lo ingenuo, a lo inocente que todavía hay en la naturaleza humana y no humana, mientras aquieta su mente y se predispone positivamente para iniciarse en los secretos de la calma y de la simplicidad, sin esfuerzos ni demostraciones exteriores. Sea usted mismo, no necesita de nadie más.

Las líneas

Línea de base: Está a las puertas del cambio, del ciclo que ha de comenzar. No es recomendable avanzar en estos momentos. Destine su tiempo para la elaboración de un programa muy amplio de acciones a emprender más adelante. Trate de serenarse. En el momento en que perciba señales de nuevos tiempos, medite sobre ello con amplia apertura mental y eventualmente vuelva a consultar el Oráculo.

Línea 2: Aun cuando sus mentores, colegas o directores, le presionen para dar un paso adelante y embarcarse en una nueva aventura, aplique su más refinado sentido de moderación y las buenas maneras. No debería aprobar semejante maniobra temeraria. Intente retardar las cosas por medio de la verdad, de sus sentimientos y prevenciones sobre los tiempos presentes. De todos modos evite mostrarse hostil con esas personas da autoridad. Trate de manifestarles su respeto y cooperación en otros terrenos, no precisamente en emprender acciones audaces. Aunque se ha de mantener firme en sus determinaciones, no les retire su atención a estas personas tan influyentes; como se dijo, expréseles su lealtad y comprensión en todo momento, desligando sus sentimientos de respeto y aprecio de semejante aventura arrebatada y ciega. Adopte todas las medidas posibles que salvaguarden su integridad y la de sus obras, aun cuando sus mentores se precipiten al abismo con aquellos colegas que se dejaron persuadir.

Línea 3: No asfixie sus sentimientos. No deje para más adelante el manifestar genuinamente sus sentimientos: abra su corazón. Ahora esto es algo muy importante. Los tiempos futuros le demostrarán que lo hizo en la justa oportunidad.

Línea 4: Ha de pacificar su mente y su corazón ahora, antes que nuevas y grandes metas asomen en el horizonte. Tenga presente que no se trata de acciones menores, sino indispensables.

Línea 5: Ostenta una posición influyente. En este rol de liderazgo conviene aplicar la moderación y la limpieza en el pensamiento y en el lenguaje. Sitúese a la altura de las circunstancias, para que sus mentores, sus colegas y el público en general, confíen profundamente en usted.

Línea Superior: Alcanzó o está a punto de alcanzar paz y equilibrio interior. En tales circunstancias, usted sí estará a la altura de los desafíos que pronto la vida le dará a conocer. Actuando con base en la tranquilidad y mediante acciones prudentes y medidas, el éxito vendrá a usted por sí mismo, sin necesidad de ningún otro movimiento estratégico en especial.

LIII
CHIEN
LA EVOLUCIÓN PROGRESIVA

El Kua

Bajo esta configuración la forma más productiva de trabajar es completar el ciclo integral de acciones requeridas para darle forma acabada a su método técnico, cualquiera sea éste. El trazado de la fuerza que se ha puesto en movimiento requiere de un efectivo y serio abordaje de la tarea, no omitiendo ni evitando ninguno de los pasos que usted conoce y entiende plausibles para llevar adelante las curas que tiene entre manos. El cumplimiento de cada una de las etapas preliminares hasta la formal ejecución y posterior corrección, pulimiento y culminación, debería ser observado con la íntima convicción de que dejar en manos de la improvisación, incluso de la experimentación imprudente, su trabajo, puede ofrecer flancos débiles para estos tiempos. Tenga en cuenta que la gradual ejecución de su trabajo está decididamente auspiciada en este momento y que si usted aspira a obtener los mejores resultados en el tiempo, debería tomar en cuenta el ritmo en cierta medida clásico y respetuoso de las convenciones más recibidas de su especialidad. Si siente que ignora algunos aspectos de estas convenciones, ganaría mucho si busca información o se entrevista con colegas de buena formación.

Los vínculos con sus directores, mentores, colegas, personal bajo su mando, clientes y la comunidad en general, necesitan ser abordados con seriedad y con un cierto sesgo de perfección o madurez sapiencial. Evite ir al encuentro de estos contactos sin tener en claro cuál es su objetivo y qué tiene para dar y qué pretende recibir a cambio. Las examinaciones y proyectos deberían ceñirse a lo probadamente eficaz para no dejarle expuesto a riesgos de ninguna naturaleza.

En su vida personal este influjo celeste lo llevará por los caminos arquetípicos del crecimiento hasta la madurez y quizás la consagración, en la medida que usted abra su mente a la luz proveniente del Orden Supremo expuesto, por ejemplo, en el Oráculo y en otros tratados sapienciales del pasado.

No desdeñe el consultar o estudiar disciplinas complementarias nuevas que apuntalen y mejoren su oficio, enriqueciéndole humana y profesionalmente. Es un período cuya promesa culminante es la llana posibilidad de alcanzar en algún punto del camino que ahora emprenda, la gloria suprema, un espacio entre los servidores públicos más reconocidos: símbolo del reino de las almas laborando con las potencias de la naturaleza.

Tenga en cuenta que el lanzamiento, la inauguración de una oficina o centro de actividades deben ser parte de ese proceso grandioso de perfecciones y brillo gradual. De otra forma se corre el riesgo de estropear la bendición de esta época fasta y nobilísima, por urgencia, comodidad o sencillamente por desidia e ignorancia. Sea dueño de sus actos, creando un destino favorable, contemplando el bien de la totalidad.

Las líneas

Línea de base: La travesía por medio de la cual alcanzará el crecimiento y el progreso gradual está en marcha. Como en todos los tramos iniciales de un impulso ascendente, se presentan algunos desafíos bajo la forma de riesgos o amenazas. Podría ser víctima de habladurías. Contra los rumores y la maledicencia no hay mejor medicina que honrar la vida con rigor ético. Siga estas recomendaciones también para el ejercicio de su quehacer, ya que de atravesar esta inicial cortina de humo, los esfuerzos seguramente serán exitosos. Evite la brusquedad, sea respetuoso y cauto, sonría siempre y logrará con ello ampliar la confianza, la credibilidad humana necesaria.

Línea 2: Como el vuelo de la oca o del ganso silvestre hacia la cima del peñasco, usted encontrará una posición segura desde donde contemplar y evaluar su situación. Las relaciones profesionales al menos han alcanzado y con seguridad un cierto estatus. Es tiempo de compartir su relativo suceso con amigos y colegas, ya que la dinámica de las fuerzas en movimiento augura que tarde o temprano ese éxito se consolidará.

Línea 3: Su ascenso ha alcanzado una meseta o detenimiento temporal. Puede que un actuar inmaduro lo haya llevado hasta allí, enredándolo en problemas que explican la parálisis presente. Trate de moverse de la inercia actual hacia una posición algo más libre. Más allá de que cuenta con fortaleza y temple, evite en todo momento entablar discusiones con sus mentores y colegas. No le beneficiarán. No obstante y a pesar de sus buenas intenciones, este tránsito extremo dentro de la dinámica del hexagrama, presagia desventura, amargura. Si se mantiene firme en sus ideales morales, al final logrará sortear esta posición con éxito.

Línea 4: Se ha encontrado con una nueva posición que lo fuerza, que lo inclina a detenerse y descansar. Sin embargo, la travesía heroica de la vida tiene un signo contrario a semejante paralización de los quehaceres. Lo que cuenta ahora es que este alto en el camino le sirva de plataforma de lanzamiento para seguir la marcha de sus trabajos de creación

Línea 5: Está cerca «de la cumbre de la montaña». Se aproxima a la meta, disciplinaria y humana. No obstante aún queda mucho por superar. Si no ceja en su afán de aplicar los más altos valores existenciales, al final del ascenso alcanzará una perdurable fortuna.

Línea Superior: El progreso gradual trascendió el mero éxito mundano corriente. Será honrado por la resistencia y por las elevadas miras de su vuelo curativo. Es una fuente de inspiración universal y todos le honrarán por ello. Tiene asegurada una gran libertad de acción y una muy elevada buena fortuna. Comparta esa pródiga autonomía operativa, con el ejemplo y las acciones nobles que le dicte su corazón.

LIV
KUEI MEI
LA DINÁMICA DE LA RELACIÓN

El Kua

Encarar una relación que se está tornando conflictiva, en especial con todo el personal que lo acompaña en la ejecución de su labor, requiere de sumo cuidado, atención al detalle, saludable predisposición a retornar al punto de partida y rehacer las cosas y fundamentalmente de un más fluido y armonioso «roce» con los instrumentos y vínculos propios del trabajo. Una mente atiborrada de ideas y planes, sólo ocasionalmente y por imperio de la práctica persistente y obsesiva logra alcanzar un nivel satisfactorio, aunque nunca excelente. El problema central del profesional suele ser, en nuestros tiempos, la obtención de resultados fiduciarios, de mentores, centros de actividad y clientes, es decir medios para obtener dinero, notoriedad y oportunidades de trabajo. Mientras el acento se encuentre puesto sobre estos factores, resulta del todo inviable dar curso a la nota interior, al relámpago de inspiración, al satori ético capaz de propulsar los cambios y operar alquímicamente sobre la acción bendita de la curación.

Un nuevo relacionamiento con su oficio, con sus herramientas, con las personas e instituciones que rodean su trabajo se vuelve indispensable en estos tiempos. Naturalmente no bien perciba la necesidad de estas transformaciones usted puede sentir una gran excitación y virtualmente lanzarse tras la aventura de la conquista de otras voluntades y chequeras.

La tradición no encomia la precipitación ni la compulsiva búsqueda de resultados, todo lo contrario. Para que una transformación vertebral y vigorosa de sus comunicaciones en solitario y en público tenga lugar, en el comienzo del movimiento renovador uno debe atenerse a las reglas superiores de la pacificación emocional y el apaciguamiento de la voluntad personal y de la mente. No hay otra acción más determinante que lograr trascender la tendencia crónica a la hiperactividad y el descontrol emocional.

No sobreactúe en ningún momento una vez que haya tomado la decisión de armonizarse con sus vínculos personales e institucionales. No es preciso simular, fingir, ni adoptar una postura cargada de boato o pretendida suficiencia. Examine su mente y su corazón. En ese examen detallado y luminoso seguramente usted se habrá de encontrar con la columna de luz de la sinceridad interior y de la claridad de propósitos.

Intentar otro tipo de acciones no inspiradas en un afán armonizador y noblemente intencionado, respecto a sus curas y al mundillo que las rodea, solo lo conducirá al fracaso, a la repulsa y eventualmente a la humillación.

Recuerde que el alma humana es fundamentalmente relación y que usted traza la semblanza del alma del mundo y de su propio ser interior en las acciones que emprende durante el proceso creador. Solo si este proceso cuenta con la luminosidad y la profundidad del reino celeste, de su vida íntima, los reajustes necesarios en todo el vasto campo de las relaciones llegarán a buen puerto y usted se verá finalmente justificado.

Las líneas

Línea de base: Si bien posee amplios recursos técnicos y cuenta con una posición relativamente aceptada por sus colegas, mentores y el público en general, no son tiempos de pasar a la acción de forma resuelta y desprejuiciada. Actúe con dignidad ante esta parcial limitación, no abrigue en su corazón inquina ni resentimiento contra nadie, aun cuando identifique a sus detractores. De cualquier forma y dada la brillantez y atractivo de sus terapias, la buena fortuna todavía está de su parte.

Línea 2: A pesar de que posee la plena aprobación profesional, no es todavía el tiempo del avance. Si usted apoya a su mentor o jefe de una manera desafiante, prevéngase, ya que éste será objeto de escarnio o fuerte crítica. Más adelante él vendrá en su auxilio y actuará con honor en respuesta a su conducta y lealtad presentes. Si bien puede progresar relativamente, en este período no debería producir material agresivo o transgresor y su comportamiento tendría que ser del mismo orden, regular, dócil y expectante.

Línea 3: Procede con una bohemia y desenfado que no complacen a quienes representan algún tipo de autoridad. Este disgusto podría actuar en su perjuicio. De modo que el Oráculo le recomienda prestar más atención a su comportamiento y ordenarse mental y materialmente, administrando sus trabajos y su tiempo de una forma razonablemente acorde a las justas demandas de los demás.

Línea 4: Tiene la plena voluntad de avanzar, de salir adelante, de exponer sus obras ante el público. Solo que de momento esta y las personas que tiene subordinadas y a su cargo, no le respaldarán en la medida que usted espera y necesita. Si actúa con cierta reserva y precaución y aguarda a que estas restricciones relacionales cedan, seguramente su avance se verá coronado por el éxito.

Línea 5: Ahora usted se erige en el líder o la persona más influyente en su círculo profesional. Si actúa con honor y contempla particularmente a aquella persona o institución que le sostiene en la adversidad, la vida reforzará los motivos de éxito y este llegará con toda seguridad. La lealtad es siempre un factor de gran expansión personal.

Línea Superior: La oficina, el centro de trabajo, el grupo interdisciplinario a quienes se intenta vincular, no son para usted la mejor vía en la actualidad. Desista de seguir llamando a esa puerta. Si se lo propone y orienta su búsqueda en otra dirección, con toda seguridad tarde o temprano dará con empresas y especialistas que realmente estén a su altura.

LV
FENG
LA MÁXIMA PLENITUD

El Kua

La grandeza y la excepcionalidad de esta configuración no deberían inducirlo a dormirse en los laureles. Un flujo notable de inspiración, disponibilidad de recursos técnicos, habilidad para ejecutar sus trabajos casi sin requerir de correcciones ni ajustes, luz mental, vigorosa imposición de la energía, le están secundando en el curso de este especial momento de su vida profesional. Una abundancia mayúscula puede tentarlo a aflojar negligentemente el afinamiento de las cuerdas del instrumento productivo. Por lo contrario, atesore los descubrimientos y experiencias formativas que ahora vienen a usted con una naturalidad y un vigor que entusiasman.

Resérvese un tiempo entre las horas de la faena para reflexionar hondamente, para meditar sobre la latitud de los tiempos propicios y del raudal de luz y concentración que ahora lo está tomando por asalto. No de otra forma más que por cultivo de talentos, afloramiento de viejos y nuevos dones y saberes y puesta en escena de méritos ancestrales, explica la escena existencial que constituye el presente de un trabajador motivado, positivamente tocado por el carisma del genio. La genialidad no es sino la expresión terrena de los poderes luminosos, sapienciales de nuestra alma. Ahora usted se encuentra recogiendo los frutos de la simiente que sembró en el camino de la vida y que lo trajo finalmente hasta esta posición realmente privilegiada y extraordinaria.

Evite por sobre todo una falsa idea de superioridad, la creencia de que el objetivo ya fue alcanzado y que no hay más que echarse a dormir para recoger los frutos de la acción. En la naturaleza humana no puede haber sino treguas, lapsos de tiempos en los que la exploración del silencio y de su paz, la intimación con la atmósfera radiante y salutífera de nuestro corazón, nos potencian inmensamente y nos predisponen adecuadamente para el curso de la acción que se avecina. Quietud y actividad se alternan, así como la implementación y la dación pública de las obras del arte médico. Obtenga de la fuente interior la energía que necesita para comprender y aquilatar correctamente la envergadura de la luz que desciende de lo alto y que lo toca y lo ennoblece, como laborante y eventualmente como ser humano afectado a entregar sus mejores dotes al mundo y a la humanidad.

Ahora que la prodigalidad de medios y recursos y la abundancia se encuentran en su máxima expresión, aproveche este tiempo para agradecer y gratificar a sus mentores, directores, a aquellas personas e instituciones que apostaron por usted y su talento, colegas, incluso en momentos en que no eran para nada perceptibles para el común de las personas. Sea agradecido y contribuya con su propia riqueza, diseminando su poder vivífico, si fuera necesario trasmitiendo y enseñando a otros sobre su destreza y peculiar destreza terapéutica. La vida le devolverá con creces cuanto le dedique a la construcción de un mundo mejor, un mundo en que las relaciones contengan elementos más nobles y elevados. Ejercite su poder de humanidad.

Las líneas

Línea de base: Unido a otro colega o directamente a su mentor profesional, todo cuanto emprenda ahora estará signado por la buena fortuna. Fortalezca esa relación, poténciese con ella y aproveche la propicidad de semejante coyuntura.

Línea 2: Tiene entre sus metas inmediatas el relacionarse con un círculo profesional o una institución, sin embargo algunas personas de baja estofa que rondan esos ámbitos actuarán como barreras y pondrán frenos a sus impulsos. Serénese, no renuncie completamente a ese objetivo. Si evita reacciones extemporáneas y violentas y cultiva el auto-control y la positiva expectación, alcanzará a percibir el momento en que la oposición se desvanezca y finalmente usted pueda entrar en acción.

Línea 3: Un grupo de individuos que no le aprecian sinceramente está minando su buen nombre, murmurando o inhibiendo su acercamiento a la cúpula de alguna institución o empresa a la que desea unirse. Como este propósito es plausible y la dinámica de la rueda de los acontecimientos siempre obra en beneficio de quienes trabajan creativamente y en armonía con todo lo implicado, no ceje en su esfuerzo. Retráigase por un tiempo, el suficiente para retomar luego esta iniciativa con nuevos aires de cambio y de progreso.

Línea 4: La pesada atmósfera de antagonismo no ha terminado por aclararse. No se han disipado aún las sombras de que le impidieran el avance antes y en estos tiempos. Sin embargo, en esta oportunidad sería bueno que se encuentre y asocie con otra persona, puesto que esta alianza obrará en entero beneficio de ambos.

Línea 5: Se encuentra gozando de prosperidad y reconocimiento, ostentado un rango de liderazgo. Este rol es enteramente conveniente para usted y sus circunstancias y estas aptitudes atraerán hacia su lugar de trabajo a nuevas amistades y conexiones que a la larga también resultarán del todo constructivas. Todos quienes acuerden con usted saldrán tan beneficiados como quien es el factor atractivo principal. Aproveche esta noble y poderosa posición que le ubica al centro de un grupo o de una relación múltiple.

Línea Superior: Después de haber acumulado abundantemente recursos y todo tipo de oportunidades, se ha convertido en alguien ufano que ha tomado distancia de sus vínculos más entrañables, eventualmente de su propia familia. Estos actos le traerán desventura. Evite seguir ostentando su poder o riqueza material. En la medida que cultive la modestia y l magnanimidad la situación podrá revertirse y usted obtener el asentimiento de quienes verdaderamente cuentan en la vida real.

LVI
LU
EL ANDARIEGO

El Kua

Este Kua describe la situación de quien no tiene raíces firmes en la tierra; en su contexto, de un operario no completamente afirmado en su vocación y eventualmente padeciendo de una suerte de ajenidad respecto a las corrientes locales que aplican la especialidad que él practica. Puede que haya probado una y otra vez con otros métodos y caminos, edificando y destruyendo proyectos, sin encontrarse a sí mismo en la elaboración y la factura de las tareas y, dramáticamente, sin encontrar eco, respaldo ni suficiente interés, entre los colegas y profesionales de su círculo. Alejado de las tendencias que ocupan el tiempo y la dedicación de los otros terapeutas, se debate en una lucha interior intensa tras la voluntad de afianzarse y ocupar un sitial en el conjunto de los trabajadores locales, entre los cuales apenas si reviste nominalmente.

La memoria, conocimiento o referencia a sus acciones, llena de desconcierto, sino de estupor, o provoca la más cruel indiferencia, en especial entre los clientes del pasado. La ajenidad mencionada de sus trabajos parece despertar un cierto interés entre algunos mentores, directores de departamento, quienes de forma permanente se encuentran a la caza de los técnicos más arriesgados o poco convencionales. De cualquier forma, de persistir en esa dosis de excentricidad propositiva o formal, en estos tiempos apenas si alcanzará a llamar la atención mínimamente.

Bajo esta configuración es importante que aprenda de sí mismo cuanto sea necesario, a fin de transformar una posible inclinación al exhibicionismo y un cierto aire suficiente o de superioridad en algo enteramente diferente, eventualmente expandiendo su formación más allá de su reducto actual. Una imaginación fértil y por momentos desmedida suele acompañar estos cuadros de «andariegos por las verdes tierras de la profesión».

De cualquier forma también resulta inevitable que llamen la atención de otros tantos colegas iconoclastas, produciendo una pequeña ola de adhesiones, que no siempre remata en la consolidación de semejantes prácticos, capaces de orbitar de forma persistente alrededor de estrellas muy lejanas, apenas perceptibles o definitivamente invisibles, sin que esta singular característica de su búsqueda metodológica termine por advertirles sobre la infecundidad de semejante proceder.

Este cuadro ocasionalmente nos revela la condición de los novatos, de los operarios jóvenes, inmaduros e inexpertos, muy pagados de sí mismos y dispuestos a dar batalla tras la imposición de nuevos paradigmas y formas proactivas. La historia eventualmente hace honor de estos intentos casi heroicos, reteniendo sus nombres y glorificándolos muy luego, porque son zapadores, aquellos que abren la marcha, los que despejan el mundo de lo meramente mecánico y convencional, de lo rígido y demasiado frecuentado.

Las líneas

Línea de base: Puesto que ocupa esta posición sólo temporariamente, conseguirá resultados de verdadero interés siempre que evite involucrarse en asuntos de monta, proyectos y sueños. Refuerce el propósito de obtener un objetivo superior más adelante, cualquiera que este sea. Soporte con abnegación las críticas y las injurias. Debe observar esta recomendación al pie de la letra si desea evitar el infortunio.

Línea 2: Si bien cuenta con un estatus y con los bienes y valores que necesita para sostenerse sin dificultades, esta línea le augura que podrá avanzar en poco tiempo. Actuando noble y generosamente, saldrá a su encuentro alguien que obrará como mentor, colaborador o asistente. No se enrede en vanas discusiones ni en controversias. Si toma en cuenta esta recomendación nada grave le ocurrirá.

Línea 3: Ha actuado con violencia, abusando de su poder y con indignidad. Corre el riesgo de perder su lugar de trabajo, eventualmente su residencia permanente. Examínese en profundidad y busque luz en los textos sapienciales y curativos producidos por los sabios del pasado. De ese modo desarrollará la aptitud necesaria para asumir estoicamente la desventura y predisponerse positivamente para los cambios del futuro.

Línea 4: Aun cuando ha encontrado una posición más o menos satisfactoria en la comunidad de sus pares y cuenta con los medios necesarios para solventarse, este estado de cosas es asaz fluctuante y desequilibrado. Debe permanecer atento ante la posibilidad cierta de un acontecimiento desafiante y hostil. Adopte la vía de la amabilidad sin establecer diferencias, los buenos modos y la cortesía. Esto le franqueará no pocas puertas.

Línea 5: En poco tiempo alcanzará un muy gratificante objetivo, entre aquellos que se trazó para su profesión. Desde todas las posiciones de influencia, por encima o por debajo de su condición, habrá de recibir respaldo y apoyo. Siéntase dichoso. Si planea viajar en breve agasaje a su anfitrión con presentes de valor. Esto multiplicará la buena fortuna.

Línea Superior: Puede que se tome a la ligera el hecho de caer en desgracia, haciendo bromas sobre ello. Si no es juicioso y actúa de esa forma, a la larga habrá de lamentarse. Si enfrenta agresivamente a adversidad y pierde de vista que esta condición es también transitoria, como todo en la vida; si se vuelve arrogante y alardea de sus cosechas, pues habrá de vérselas cara a cara con la desdicha y con la escasez de oportunidades de trabajo y de realización profesional. Sea cauto y, en la medida de lo posible, conservador, prudente, y sobre todo paciente y abnegado. Estas actitudes le devolverán al camino de los logros perdurables tras la actual transición.

LVII
SUN
EL VIENTO SUAVE Y PENETRANTE

_____

_____

____ ____

_____

_____

____ ____

El Kua

Tiempos para ser persistente en la realización de los trabajos y en la toma de iniciativas respecto de los mismos. Es posible que la tarea que tiene entre manos requiera de una reestructura, de una segunda ejecución, de una corrección muy amplia y completa, de un nuevo abordaje. Emprenda los cambios que su intuición le indique con la seguridad de que persistiendo y penetrando en el material fusible del oficio consumado obtendrá positivamente lo que busca de un caso semejante.

Un viejo trabajo dejado de lado, archivado, cubierto con las telarañas del olvido, puede ser revisado, ahora que usted adquirió una visión más abarcadora y equilibrada sobre muchos aspectos que tienen que ver con la ejecución de sus tareas. Es posible que una idea del pasado ronde su cabeza en estos momentos. Préstele atención y no permita que se desvanezca sin echar manos a la obra y recobrarla, traducirla materialmente.

En sentido análogo, trabajos interdisciplinarios posiblemente encuentren respaldo en este tiempo, de forma que usted debería estar muy atento a las posibles comunicaciones y a la renovación de los vínculos. Una segunda, una nueva oportunidad fluye en el aire y asomará en cualquier momento, atrayendo hacia usted el genuino impulso de modelar la materia radiante del sueño.

No renuncie a perfeccionarse, precisamente ahora que cuenta con un interesante bagaje de experiencia. Rehaga sus grandes ideas y métodos del pasado y reflótelos. Apele a una mirada actual para darles vida nuevamente y exhumarlos, desenterrarlos de una vez y para siempre.

En análogo sentido, si usted ha recibido un llamado singular debería seguir la línea de conexión entre quien le rastreó y el mundo en el que esta persona se mueve, ya que es viable surja una nueva posibilidad de trabajo, un nuevo puesto, proveniente del círculo de quien se pondrá en sus manos, una vez que su trabajo llame la atención y movilice a emprendedores a contar con usted. Es tiempo de recuperar, corregir y replantear «métodos no escolásticos», ya que eventualmente quienes una vez los descartaron, en las nuevas condiciones podrían sentirse movidos a buscarlos y a contratarle.

Persista y sea constante, en la medida de lo posible sin perder la calma en medio de la pasión productiva: todo un desafío para la naturaleza ígnea del operario consagrado a su obra y dispuesto a dar los grandes saltos interiores y comunicacionales que el genuino progreso demanda. Con suavidad, sutilmente, delicada y proactivamente encare sus vínculos y su trabajo, ahora que la oportunidad de la superación, del perfeccionamiento y los mejores cambios están llamando a su puerta.

No desdeñe el trasmitir su destreza, el enseñar y contribuir al entrenamiento de los jóvenes aprendices. La vida le proporcionará verdaderos motivos de satisfacción en estas faenas y usted mejorará su carácter y con ello su íntegro potencial.

Las líneas

Línea de base: Ahora que su condición es débil y que no posee ni fuerza interior ni medios adecuados, ha de evitar la duda permanente si no quiere que la situación se complique aún más. No podrá contar con el apoyo, el respaldo ni la asistencia de nadie. Si ha de indicar estrategias o coordinar con sus mentores los distintos pasos a seguir, sea extremadamente cuidadoso y cauto. Ante este bloqueo temporario apele a la luz de su inteligencia a fin de descubrir la causa del problema. Sólo con una concentración permanente y una poderosa aplicación de energía mental podrá ayudarle a percibir panorámicamente la situación. Es algo del todo necesario.

Línea 2: Ante la presencia de influencias oscuras y retardatarias en su campo profesional, apele a quien pueda orientarlo a fin de salir de este laberinto. Sería útil tener cabal conciencia de quienes son los hostigadores y por qué. Está en condiciones de ser apoyado por alguien influyente; la ayuda de esta persona le proporcionará una cuota de buena fortuna.

Línea 3: Demora en adoptar medidas. Si deja que pase mucho tiempo la oportunidad pasará a su lado y ya no podrá tomarla. Actúe ahora. Examine la situación y escoja el mejor modus operandi. Si gasta su tiempo en deliberaciones y conjeturas habrá de perder algo valioso, algo que puede tener que ver con la única posibilidad de salir adelante en esta situación.

Línea 4: Si pone toda su energía en perseguir sus objetivos y lo hace con pasión y determinación, el resultado será inopinadamente exitoso y el trofeo por su diligencia una gratificación de gran significación. Ponerse de lado de sus mentores y colegas le resultará sencillo, nada estresante y por demás beneficioso. Si existían motivos de duda, temor o sospecha, ahora se desvanecerán completamente.

Línea 5: Aunque el inicio de su emprendimiento no fue bueno, en este tiempo propicio puede motorizar transformaciones significativas y nobles en las terapias y en su promoción personal. Sobre todo perfeccionarse y avanzar de forma creativa y renovada es lo que demandan estos momentos. Trace un plan nuevo y llévelo a cabo con sumo cuidado. Apúntale el cambio que intenta generar en cada tramo de toda la extensión del mismo. Vigile y permanezca activamente expectante. Si actúa de este modo, nuevamente la buena fortuna le sonreirá.

Línea Superior: Ahora o muy pronto habrá de descubrir los colegas y empresarios que afrentan su nombre y su idoneidad. De cualquier forma también advertirá que tienen mucho poder, así que no resulta aconsejable movilizar sus asuntos sin la necesaria cuota de reflexión y de refrenamiento. Puede incluso sufrir alguna pérdida. Si se vengara por ello, todo empeoraría.

LVIII
TUI
LA ALEGRÍA

El Kua

Estos tiempos fluyen como las plácidas aguas de un lago hacia la consumación de la gloria de cada día. Surgen motivos de alegría, presumiblemente un tipo de inspiración tal, que le proporciona una vívida sensación de confort interior, eventualmente de plenitud. La realización de los trabajos, la elaboración de las tareas discurren en un marco íntimo y social agradables; los métodos escogidos le transfieren una dosis de energía elevada, permitiéndole experimentar con la más activa fuerza original afluyendo a su mente, a su mundo emocional, desde las altas regiones del alma. Se siente dichoso de haberse encontrado con el quid del trabajo que ahora tiene entre manos. Algo le dice que por fin atravesó su mente una idea poderosa y tal vez deslumbradora, capaz de procurarle un disfrute, un gozo en el campo de una actividad ejecutada con belleza y rigor formal, que hará que una vez concluido el método escogido, le resulte por demás sencillo el abrirse paso en esa compleja selva de vínculos profesionales e intereses puramente mercantiles y mundanos.

Si como profesional cuenta con un despacho o taller que no ha abierto al público por algún tiempo, ganará en mucho si se atreve a celebrar allí la amistad y la alegría, el amor loco y sinsentido de la vida corriente, en compañía de otras personas. Resultará efectivamente regocijante ampliar su círculo de contactos profesionales más allá de lo conocido, ahora que amanece una pequeña era de fertilidad y fructífero trabajo.

Aborde a sus interlocutores de la misma forma como ahora aborda la factura de sus curas: con flexibilidad y animadamente. No le faltan recursos para entablar relaciones sencillas y gratificantes en estos tiempos en que un raudal de alegría, de dicha sin objeto, a la vez plácida y dinamizante, viene en su auxilio, procurándole el inicio de un ciclo productivo integral.

En épocas como ésta usted debería tomar notas, estudiar sus estadísticas, grabar sus ideas, ya que la fertilidad de su mente se magnifica a extremos desconocidos por la infusión de la energía creadora del ser interno. No desaproveche cada ocasión, cada cuestión abordada en sus conversaciones, visiones y encuentros inspiradores: todo el plástico material que la vida le ofrece en grandes proporciones para que usted haga algo original con ello.

Precisamente y aun cuando usted sea un trabajador temeroso de romper con las normas del estilo, si se animara a ultrapasar las limitaciones que se ha impuesto e ingresar en un área lúdica de su personalidad, potencialmente habría de obtener nuevas y positivas ideas para trabajar, para crecer, para despegarse de lo conocido, de los automatismos y de la recurrencia. Evite extralimitarse en las celebraciones o en las manifestaciones de su bienestar interior. No transforme una bendición en euforia ni recurra al desenfreno ni a los excesos. Una alegría sencilla es siempre la justa medida.

Las líneas

Línea de base: Recién se inicia la alegría, no se desborde para transformarla en desmesura. Busque y viva en su interior una condición de satisfactoria serenidad. Debido a que este sentimiento de sencilla plenitud le resulta suficiente y que no persigue objetivos locos, se encontrará cara a cara con la buena fortuna. La prolongación de este estado le concierne en gran medida al cultivo de valores éticos y existenciales y a la voluntad práctica de vivir en conformidad con esa singular riqueza.

Línea 2: Un colega o alguien de su círculo le propondrá entregarse a los excesos, pero usted ha adquirido una cuota saludable de moderación y discreción y amablemente dejará de lado esta oferta. Escoja con sumo cuidado las personas de su entorno con las cuales es razonable conservar y profundizar la relación y aquellas otras a la que retirarles pacíficamente su atención. Si trabaja sobre usted mismo natural y espontáneamente aprenderá a escoger sus amistades y a honrarlas y al seguir este camino se beneficiará con un flujo permanente de buena fortuna.

Línea 3: Aunque está bien posicionado, es posible que se haya entregado a los excesos. Tome por el sendero del cultivo interior y no continúe tensando la cuerda de su vida interior. Si no lo hace, la búsqueda febricitante de nuevos placeres le acarreará malestares e infortunio.

Línea 4: Aunque su posición es sólida, todavía duda entre entregarse a la búsqueda irrefrenable de placeres y una inclinación emergente por la moderación, por seguir el camino del justo medio. Si su vacilación prosigue ganando terreno, no alcanzará la paz y la inquietud gobernarán su mente y su corazón. Deténgase y reflexione sobre la verdadera integridad y el sentido del honor. Si se aleja de estos valores, sufrirá lo suficiente para no olvidarse de ello jamás. Pero si se armoniza con el camino del justo medio, el Oráculo le vaticina una poderosa alegría.

Línea 5: Ha adquirido una gran estatura y notoriedad. Alguien le impulsa a experimentar con los excesos y los placeres de forma irrefrenable. Si es complaciente con esta persona, incluso si finge tenerlo en un grado de respetabilidad, terminará por degradarse a usted mismo a extremos impensados. Cuenta con el temple necesario para no ceder ante las tentativas de esa persona. Debería utilizar esa determinación interior ahora.

Línea Superior: Se ha dejado seducir por la tentación. Si no retrocede en este momento, caerán sobre usted fuertes motivos de desdicha. Debe escoger el camino más apropiado para honrar su vida y sus acciones: en todo momento esta encrucijada se le presentará por delante. Opte con sensatez y sabiduría y no tendrá nuevos motivos de vacilación mental y alejará las sombras de la desventura de su existencia.

LIX
HUAN
LA DISOLUCIÓN

———————————
———————————
————   ————
————   ————
———————————
————   ————

El Kua

Todos aquellos trabajos en proceso de realización en los que intervenga una dosis excesiva de aflicción, sentimientos y sensaciones, en las actuales circunstancias, casi siempre, están negativamente señalados y fracasarán. Una de las posibilidades efectivas es que la cuota de emotividad y pasión aplicadas y por natural consecuencia al trabajo, haga que todo termine en un arrebato y en un serio perjuicio para su actividad.

Las líneas centrales del hexagrama, indicativas de las mutaciones interiores que muy luego emergerán en un nuevo hexagrama, manifestación explicita del cambio, convocan a integrar la quietud mental —y emocional—, la calma y el cesar de actuar pasionalmente en el abordaje de las labores cotidianas y por otra parte, también como una recomendación que alienta y proporciona bases seguras para la mutación positiva de las actuales circunstancias, el prestar atención a los señales interiores y objetivas de un resurgimiento, de una revitalización: la emersión de un nuevo ciclo de claridad mental. Claridad mental asociada a calma interior, pacificación emocional, son los antídotos, la mejor medicina para hacer frente a este cuadro temporario de desorden pasional y decepción, conclusión abrupta de algunos tratamientos y pérdida de la calma y de la moderación.

En relación con las recomendaciones que surgen del examen de las líneas centrales del Kua, se encuentra especialmente indicado el dejar de presionarse, de trabajar compulsiva o violentamente, de cultivar ambiciones extremadamente codiciosas, de condicionar las relaciones con otras personas al cuadro de sobre-expansión técnica que esta configuración describe; una actitud altamente perniciosa respecto a los vínculos con nuestros mentores y superiores, que bien podría concluir en ruptura de contratos de trabajo. Ninguna de estas realidades resultaría ventajosa para el profesional, de modo que lo aconsejable es bajar la guardia, cesar en los empeños furtivos en el lugar de trabajo y dedicarle un tiempo verdaderamente precioso a la propia pacificación emocional y por qué no al estudio de las obras morales y filosóficas que nos enseñan a enfrentar la adversidad y los períodos de infortunio con el arma de la vital resiliencia y la capacidad de adaptación y de cambio.

El amanecer y la visita a la montaña están sugeridas por las líneas interiores, como vías sanadoras, poderosos factores naturales cuya resonancia en la entera constitución del consultante redundarán con seguridad en un seguro resurgimiento: la piedra de toque para la superación de esta estresante etapa en la vida de quienes ocasionalmente se dejan manejar por la fuerza de las pasiones y sensaciones primarias, poniendo a riesgo toda la construcción profesional y de vínculos que sin lugar a dudas conforma los dos planos fundamentales de la vida en el mundo de un ser humano que no puede evitar el ser influido por la vorágine de fuerzas psíquicas planetarias.

Las líneas

Línea de base: Estamos ante una situación de riesgo y el descontrol y la desconfianza se han enseñoreado de los hechos. Su objetivo es acordar con algún colega o mentor, pero dadas las actuales condiciones no resultará sencillo avanzar. Urge el detectar la persona o empresa que interfiere. Por fortuna acudirá en su auxilio un colega o amigo que facilitará el descubrir la fuente del peligro. Si es necesario solicite su colaboración. Esto le traerá buena fortuna.

Línea 2: La situación se ha vuelto extremadamente riesgosa. Los intentos por zanjarla fallan, la colaboración solicitada no está a su alcance, el conflicto llama a la puerta. El origen del conflicto son sus motivaciones egoístas, su actitud sectaria, la falta de coordinación con sus colegas y mentores: un exceso de auto-interés. Si descubre por usted mismo semejante origen del incordio y se acerca amistosa y genuinamente a los demás, la circunstancia adversa tenderá a atenuarse y luego a desaparecer. Viva con razonable positividad y acuerde con los demás. Esto le asegura una transición feliz hacia otras fases de verdadero desarrollo.

Línea 3: Puede dar por terminada la situación aflictiva. Ponga toda su energía en este necesario reordenamiento de las cosas. Debe actuar ahora mismo. No surgirán motivos de arrepentimiento.

Línea 4: Corresponde cerrar un ciclo y terminar el vínculo que lo liga a una persona o círculo que no lo apoya en sus miras de alcanzar objetivos mayores y de real superación. Si actúa de este modo atraerá una enorme buena fortuna. No se deje arrastrar por influencias externas. No es sencillo, pero procede obrar con decisión en esta circunstancia. Eventualmente su ida del actual lugar de trabajo dará lugar al cierre de las actividades, sin embargo un nuevo proyecto la sustituirá y con creces.

Línea 5: Cuenta con fortaleza a pesar de la aparente ambigüedad de estos tiempos. Aunque persiste la falta de conexión interior y de entendimiento en el nuevo lugar de trabajo, se verá inspirado por una poderosa idea que logrará unificarlo de forma vigorosa. En el acto de comunicarla a sus colegas apelará a un estilo que despertará un inusitado entusiasmo y a la larga obrará como factor fundamental para la unidad del grupo. No se atribuya la totalidad de los méritos: si comparte con el resto los derechos de autoría, el éxito será todavía mayor.

Línea Superior: El estado de cosas en estas circunstancias es muy peligroso, la situación empeoró. Identifique el origen del riesgo y adopte las medidas necesarias para dejarlo atrás. Se volverá necesario distanciarse de la persona por grupo que está interfiriendo en sus planes. Asuma que es su deber ofrecerles seguridades a sus socios actuales.

LX
CHIEH
LA FIJACIÓN DE LÍMITES

____ ____
____ ____
____ ____
____ ____
____
____

El Kua

En estos tiempos, como en tantas ocasiones a lo largo de la vida, resulta beneficioso detenerse, examinar la situación y disponerse a darle un nuevo orden a sus trabajos, en arreglo a un plan estratégicamente delineado, que bien podría incluir, entre otras cosas, la fijación de horas específicas de labor, sobre cada paso a dar respecto al caso que tiene entre manos, así como la necesaria reserva y administración del tiempo que requieren el cuidado y cultivo individual y social.

Una jornada trabajada con orden, paso a paso, y conforme a una visión de conjunto y a una elaboración y ejecución programática, cuenta con mayores oportunidades de transformarse en un empleo destacado y muy significativo de una etapa en nuestra vida que la naturaleza nos ha impuesto y que demanda un esfuerzo suplementario de disciplina y organización extremas.

Para algunos profesionales estas palabras no hacen sino confirmar la bonanza de sus métodos habituales de trabajo, solo que el Oráculo sigue de cerca la dinámica vital de las fuerzas que entran en juego, personales y ultrapersonales y no siempre ni necesariamente recomienda el mismo procedimiento ni las mismas observancias.

En regla general, en esta etapa de la vida urge detenerse y visualizar panópticamente nuestra actividad, hacer anotaciones, evaluar y definir un plan de acción, a corto, mediano y largo plazo, capaz de integrar proactivamente «los límites seguros» dentro de los cuales nuestros esfuerzos y dedicación resultarán en acciones más y mejor elaboradas y ejecutadas, con el consiguiente beneficio para todos.

Fijar límites es también desarrollar la cualidad de la moderación, el instinto o percepción de la justa oportunidad, una forma de visión intuitiva del cuadro completo de la existencia y del punto que ocupamos en él. En la medida que seamos capaces de reconocer ambas cosas, pues resultará más sencillo y plausible ocuparnos de nuestro territorio específico, siempre con los mejores resultados y con la adquisición de una acaso ausente cualidad de regularidad, orden y disciplina de trabajo; aspectos prácticamente suprimidos en las vidas de muchos trabajadores jóvenes, que sólo se dejan conducir por el entusiasmo y la ambición personal.

Visualizar y luego obedecer estos círculos, anillos o límites que no deben ser trasvasados, nos permite desplegar en forma orgánica y potenciados por la concentración de energía y motivación, las fuerzas que se necesitan coordinar en todo trabajo y emprendimiento que procure resonar, vibrar en armonía con los imperativos categóricos que proceden de los ritmos y ciclos vitales y naturales, personales y civilizatorios. Si amén de todo esto elevamos nuestras miras a las estrellas fijas y conectamos con su influencia, a fin de que presidan nuestras tareas, adquiriremos un poder de relativa libertad interior, incluso dentro de estos límites tan rigurosos y eventualmente restrictivos.

Las líneas

Línea de base: Aunque su acción es ponderable y cuenta con medios y mentores eficientes, este no es un momento adecuado para forzar ningún avance. Si bien sus metas resultan razonables. Por fuerza habrá de encontrarse con dificultades realmente insalvables. Aléjese de la actividad, conténgase y observe en detalle la evolución de los acontecimientos.

Línea 2: Ahora sí las buenas oportunidades están disponibles para usted, sin embargo no es prudente obrar con excentricidad ni desenfado. Muévase con orden y equilibrio pero sobre todo con decisión, ya que se trata de una circunstancia realmente favorable para avanzar y materializar sus proyectos y darle forma a sus planes. La meta está a su disposición, especialmente si usted se acerca a ella conforme fueran sus objetivos originales y con el poderoso inicial interés y energía que los mismos le demandaron.

Línea 3: No se ha sabido refrenar a tiempo en algunas circunstancias, ha obrado inmoderadamente y ha atravesado el umbral de la prudencia hasta cometer algunos excesos. Frene sus impulsos desordenados aquí. Si descubre y honra sus propios límites y los que le impone este tiempo de limitaciones, habrá de adquirir una condición valiosa, una experiencia fundamental para el resto de su vida. Es oportuno contenerse, replegarse y reflexionar.

Línea 4: Los límites que se impondrá a usted mismo deberán estar en estricta correspondencia con sus aptitudes y limitaciones y con la escasa disponibilidad que ofrecen estos tiempos. No se extralimite, de todos modos, con la auto-imposición de fronteras operativas. Todo con sumo equilibrio y moderación. Comience por usted mismo antes de obligar a otros colegas o asistentes a refrenarse. Si da el ejemplo será contemplado con respeto. De esta forma terminará por ser tomado como modelo de acción y su proceder será resaltado y comentado positivamente.

Línea 5: Cuenta con una posición influyente y con un rol de dirección realmente significativo. Si fija límites para su vida, fronteras éticas para no atravesar, se volverá un ejemplo virtuoso para sus allegados y subordinados. Los límites que le imponga a todos ellos no serán resistidos por el honor y dignidad que emana de su proceder. Debería continuar con sus proyectos, ya que todas las circunstancias antedichas obrarán en su entero beneficio y le traerán reconocimiento y honor.

Línea Superior: Ha establecido reglas de juego casi antinaturales y extremadamente rigurosas. No siga con esto o de lo contrario sufrirá fuertes enfrentamientos y conflictos. Atenúe las cargas impuestas y comparta la discreción y la moderación en todo momento.

LXI
CHUNG FU
LA VERDAD INTERIOR

El Kua

Recogerse armónicamente en torno a nuestra sensibilidad, en última instancia, al corazón, al centro vital y espiritual que irradia en nosotros en todo momento, y luego contemplar los trabajos que estamos elaborando con ojos nuevos, calmos, no ofuscados ni mediatizados por la codicia, la euforia o la obstinación, conforman el sendero que se abre ahora para el trabajador. Una honda verificación de las raíces del desasosiego y de la turbiedad mental que eventualmente han estado bloqueando nuestra tarea y favoreciendo la ejecución de trabajos carentes de previsión, se vuelve un movimiento interno absolutamente necesario y saludable. Este Kua implica sobre todo el concentrar la energía radiante de la actividad inteligente de un operario en expurgar las formas obsoletas que nos obsesionan, las creencias, las recurrentes técnicas, un profesionalismo aburguesado, y encarar directamente aquella cortina de humo que opaca la luz que brilla al centro, en nuestro centro, en el núcleo vivo de donde surge el genuino entusiasmo del acto creador.

En estos tiempos todas estas recomendaciones se tornan mucho más practicables que en otros períodos o etapas de la rueda de los cambios. Si somos serios y nos importa de verdad nuestra labor, deberíamos abrigar en nosotros el coraje, el temple y el valor de ir a fondo y ajustar las cosas; barrer la casa y abrir de par en par todas las ventanas, literalmente, y una vez que la luz recorra todos los espacios, en nuestra mente y en nuestro corazón, rasgar los velos que nos impedían una clara visión y un preclaro propósito y acometer la notable tarea de curar de verdad, no como algo accesorio ni puramente material. Una ocasión única para transformar la basta piedra de nuestra personalidad casi agotada por la recurrencia técnica y mecanicista, que desde lo profundo nos interpela y nos reclama audacia, coraje e intrepidez.

Dice el Tratado original que en este momento aún los cerdos y los peces aprobarán, se sentirán deslumbrados por el don de la iniciativa de que haremos gala, y esto significa en nuestro caso sencillamente que incluso las personas refractarias a nuestras consultas, habrán de mostrar genuino interés y por sobre todo estarán en condiciones de beneficiarse, e intuitiva e instintivamente, de celebrarlo.

Deberíamos prestar atención a las señales de estos tiempos de depuración e interiorización, ya en los sueños como en la dinámica de nuestra vida psicológica diurna, a fin de volverlas testigo y parte activa de la acción terapéutica. Lo que surja de la fuente interna está signado para servir de materia prima y de arcilla para la vocación original de la que deberíamos ocuparnos ahora y con la mayor confianza y voluntad hacedora de las que podamos disponer.

Que nuestro trabajo profesional sea el espejo de la más recóndita luz, de nuestra naturaleza íntima, de los secretos recintos donde se exhibe en toda su gloria la portentosa y esplenda belleza de la pasión por la vida.

Las líneas

Línea de base: Tiempo de «vaciarse», de sanarse por dentro. Destine su energía a ampliar su campo mental y a lograr una mayor claridad. Deje de lado las creencias infundadas, los prejuicios y los viejos programas de acción que han mostrado su fragilidad. Ábrase a las fuentes más luminosas universales y comience a adoptar métodos y a tomar decisiones basadas en la sabiduría tradicional de la humanidad. Si da lugar a este trabajo ahora que el movimiento se inicia, tendrá buenas posibilidades de salir adelante. Si continúa recargando su mente y evita la experiencia directa de la depuración y vaciamiento interior, los intentos que emprenda ahora no resultarán provechosos.

Línea 2: Al depurar su mente de contenidos accesorios alcanzará a irradiar un nuevo poder magnético, capaz de influir constructivamente entre sus clientes y en las tareas en general. Amplíe su experiencia de quietud y vaciamiento mental y expandirá los límites de su profesionalidad. Si se vuelve receptivo a la inteligencia superior de la Vida y del Universo alcanzará a sanar y avivar a sus semejantes como nunca antes lo imaginó.

Línea 3: Deje de depender de otros colegas para llevar a cabo su actividad. Confíe en usted mismo, sea independiente y profundice su experiencia de atesoramiento de energía interior.

Línea 4: Si bien ha progresado significativamente en la purificación de su campo cognitivo, vaciándolo y deshaciéndose de «materiales residuales innecesarios», se ha dejado distraer por algunas influencias externas. Busque inspiración y solicite consejería de alguien que ostente una condición de líder natural, fundada en su saber y comprensión superior. Si no obtiene el aleccionamiento de otra persona, trabaje sobre usted mismo a solas: profundice su experiencia con el silencio y con la práctica de la contemplación, estética, natural y mental.

Línea 5: Se ha fortalecido y convertido en un profesional actualizado, debido a que ha abierto su mente y se ha vuelto claro y luminoso. Este poder atractivo le acercará otros colegas y mentores que le asistirán para llevar a cabo sus proyectos con un mayor margen de suceso. Su tónica mental e integridad sin tacha les llama la atención y los predispone a su favor. Avance resueltamente. No habrá nada de qué arrepentirse.

Línea Superior: Sólo se basa en palabras. Nada más que palabras es lo que entrega y por medio de ellas intenta cautivar o atraer a otras personas. Es necesario cambiar internamente y dejar tanta efusión vana e improductiva. Si bien sus palabras destacan, la contradicción con la vida que lleva las vuelve por lo menos falaces y de dudoso valor. Reconcíliese con el poder de la verdad en su corazón.

LXII
HSIAO KUO
LA PREPONDERANCIA DE LO PEQUEÑO

```
———   ———
———   ———
———————
———————
———   ———
———   ———
```

El Kua

La presente configuración inclina las cosas, ajusta las tendencias, la energía y el esfuerzo, la administración del tiempo, disponiendo que el trabajador se ocupe de encargos o gestiones de índole menor. Eventualmente que no trabaje sobre la mismo tarea mucho tiempo, por el contrario que se ocupe de su factura de la misma durante períodos suficientemente aislados entre sí en el curso de días y semanas.

Se alienta la actividad minimalista y artesanal por encima de lo monumental, prolongado o exhaustivo. No debería continuar trabajando en casos exigentes, al menos hasta que esta influencia ceda su lugar a una nueva configuración, más propicia para planes ambiciosos y a largo plazo.

El taller, la oficina, han de ser empleados escasamente, para mantenerlos impregnados con nuestra propia energía y para que la consagración de ese espacio a la actividad constructiva persista y se continúe potenciando, al menos por nuestra presencia momentánea a lo largo de cada día. Escasa luz, pero luz que incida sobre el lugar de trabajo directamente, ventilación suficiente, y silencio, mucho silencio, son elementos fuertemente contribuyentes a rodear nuestro trabajo de un marco razonablemente respetuoso de la naturaleza del Kua regente.

En el mismo sentido, sólo admita contrataciones menores en ese espacio consagrado y en la medida de lo posible de personas con poca implicación con su propia labor. Respecto a las reuniones de trabajo con mentores y jefes de área o colegas, deberían ser escrupulosamente delimitadas en sus horarios, observando la recomendación de brevedad, precisión y exactitud.

No ostente sus trabajos anteriores de largo aliento de una forma persistente, al menos hasta que esta influencia dé lugar al cambio. Dedíquese a cultivar su vida interior, documéntese, investigue, explore en el campo propio de su especialidad. Tome notas breves y concisas, aprenda a ahorrar energía y tiempo. De esta forma, mediante la circunscripción del tiempo y la reserva y ahorro de la energía, la abundancia no disminuirá, será adecuada a sus necesidades y no habrá de atravesar pruebas extremadamente duras o restrictivas.

Respecto a cómo presupuestar los trabajos, pues sea cauto. Obtendrá menos de lo que ambiciona con toda seguridad, de allí que se insiste en que saque a luz los encargos de menor envergadura, casuales, incidentales. Con seguridad, cumpliendo con la lógica de la preponderancia de lo pequeño, su vida no se verá amenazada por la escasez o el descrédito.

Es tiempo de aprender a ajustar nuestro ritmo vital y nuestro ritmo de trabajo a las condiciones prevalecientes. La rigurosa obediencia a la Ley es el gran secreto del éxito en estas y en todas las circunstancias de la vida.

Las líneas

Línea de base: En estos momentos sólo propóngase alcanzar objetivos modestos, en especial dedicándole atención a los pormenores propios de su actividad. La situación actual requiere de una advertencia: ronda alguna forma de peligro cerca de usted. Trate de no actuar en contra de las normas de convivencia adoptadas por la comunidad en la que vive y donde cultiva sus relaciones habituales. Por sobre todo sea prudente y no actúe con envalentonamiento y arrogancia. De este modo se asegurará alcanzar logros menores pero de cualquier forma útiles y convenientes.

Línea 2: No llegue hasta su mentor o director a través de secretarios o de personal subalterno. Diríjase frontalmente hacia él. Si de estos intentos surge un rechazo, condúzcase ante sus iguales y sus dependientes con suma modestia. Por más que se empeñe y ponga mucha energía en ello, en estos momentos deberá conformarse con resultados menores, coyunturales. Ocupe su tiempo en su lugar de trabajo y gane terreno produciendo sus propias creaciones.

Línea 3: Si se envalentona ante la situación presente y no toma recaudos, quedará expuesto a la desventura. Incluso podría recibir críticas y hostilidad provenientes de personas impensadas. Obre con suma prudencia. No se considere en condiciones de cambiar este estado de cosas a la fuerza.

Línea 4: Aunque cuenta con su propia fortaleza y le interesaría promover nuevas propuestas y especialidades, todo intento en ese sentido le traerá problemas. En su lugar de trabajo es donde debe perseverar, en su mundo interno también. Si se serena podría ser convocado por su mentor. Si esto ocurriera, vigile su pensamiento y cuide sus palabras y modos. Obrando de esta forma, no tendrá motivos de arrepentimiento.

Línea 5: Ha alcanzado un sitial destacado, sin embargo no dispone del poder y de los medios necesarios para materializar sus proyectos. Quizás otros colegas o allegados pudieran ayudarlo en estos momentos. Busque a esas personas tratando de obtener apoyo. No se trata en ningún caso de colegas, mentores o jefes de área. Tenga esto en cuenta. Con ayuda de estas personas podría realizar grandes trabajos, realmente muy significativos. Si duda de integrar a alguien a su actividad corriente, vuelva a consultar al Oráculo.

Línea Superior: Ha elegido un método de trabajo que no llevará a la materialización de sus metas. En tiempos en que apenas si puede aspirar a logros modestos, puede que usted se imponga ir detrás de metas extravagantes o desproporcionadas. Esta actitud lo llevará al fracaso. Siéntase satisfecho con lo que lleva conquistado y trabaje sobre usted mismo.

LXIII
CHI CHI
EL EQUILIBRIO CRÍTICO

El Kua

Todas las líneas del presente hexagrama ocupan el lugar correcto, tienen la correcta polaridad y orientación de la fuerza, de modo que es probable que, hasta cierto punto, los trabajos hayan alcanzado un clímax temporario y que no se deba intervenir sobre ellos una vez más. En principio y como natural consecuencia debería evitarse la corrección compulsiva, los cambios y diversificaciones de las tareas, puesto que aquellas que en estos tiempos estén funcionando correctamente deben ser impuestas con más rigurosidad.

Las relaciones con la sociedad, los colegas, mentores y directores, alcanzaron su pico más alto, ya no se debería insistir sobre estos lazos, puesto que, tal cual lo describe el nombre escogido para titular el Kua, el equilibrio alcanzado se encuentra en estado crítico, como todo en la naturaleza una vez que el arquetipo ideal ha sido eficientemente traducido o materializado. Con esto se intenta significar el hecho de que a continuación de este período culminante habrá de sobrevenir un nuevo ciclo de inestabilidad y necesariamente de cambios. A fin de que los cambios que advendrán no deterioren el nivel alcanzado se requiere el ejercicio de la modestia, la ecuanimidad, la templanza en el carácter, el dominio de todo impulso de presentarse al mundo como siendo una autoridad incuestionable o superlativa en la disciplina particular de trabajo. Es asaz recomendable volver una vez más a la fuente formativa más recibida y nutrirse de las recomendaciones y consejas que ellas pusiera a nuestra disposición, antes que el ufanarse y la arrogancia autosuficiente ganen terreno en nuestra vida y ensombrezcan nuestras percepciones de la realidad y de nosotros mismos.

De cualquier forma tampoco debe ignorarse que este hexagrama señala un período de un relativo, incluso manifiesto suceso técnico y material, pero la enseñanza se inclina a advertirnos sobre la fugacidad y la fatuidad de tomarnos a la ligera estas ventajas o beneficios karmicos. Sólo la activa vigilancia sobre nuestros sentimientos y pensamientos, sobre nuestra propia valoración, evitarán que nos enfrentemos más adelante al escarnio o que debamos apelar a todo tipo de estrategias defensivas, ante los críticos recurrentes, el público o nuestros directores, para no perder el terreno que hemos ganado en circunstancias benignas, por ejemplo, como la presente.

El Oráculo proporciona en toda época y lugar plausibles recomendaciones para que atravesemos las pruebas que tachonan el sendero de la existencia sin incurrir en excesos ni defectos y que obtengamos de cada circunstancia su quintaesencia virtuosa, su especial tipo de prodigalidad. Es hora de poner en práctica cada una de estas sugerencias nobilísimas ahora que el encuadre de nuestra vida parece sonreírnos y que ni siquiera nos preocupamos por la transitoriedad de todas las cosas.

Las líneas

Línea de base: Habiendo alcanzado una estimable estabilidad, puede surgir en su interior el impulso por progresar hacia metas más ambiciosas. Debe tener presente que un esfuerzo demasiado enérgico y temerario lo llevará directamente al fracaso y a la frustración. Evite estas conductas extremas y no generará causas de arrepentimiento ni de culpa. De cualquier forma, tenga presente que no le resultará sencillo liberarse de las consecuencias de las acciones aceleradas que ya ha emprendido.

Línea 2: Debido a una práctica inconveniente usted se verá forzado a frenarse y evitar el avance. No es necesario que ponga en juego nuevos elementos puesto que esta situación tenderá a desaparecer así como se inició, sin consecuencias negativas. Ocupe este tiempo de retracción en cultivarse a sí mismo, no únicamente en las técnicas que suele emplear, sino, además, en la investigación más seria posible sobre la vida interna y universal.

Línea 3: Logrado un orden elevado y virtuoso en su vida, procurará cambios y nuevas formas de progresar. Es posible, pero a costa de grandes sacrificios. No dependa de nadie. Puede que lo impliquen en un proyecto que demanda un enorme esfuerzo. Aunque resultara exitoso, el precio a pagar es realmente muy alto. Reflexiones sobre el valor de las cosas. Sepa detenerse a tiempo.

Línea 4: Alcanzó la altura, trabaje en unión con sus colegas y mentores. Tiene una buena comunicación según su perfil laboral. Cuenta además con el respeto y el apoyo de los clientes e incluso sus mandos y subalternos. Pero un peligro está cerca de usted, por lo cual procede obrar con extrema prudencia, a fin de que esa estabilidad y orden superior no se transformen distorsivamente en desorden y para que su buena relación con sus mentores no juegue en su contra. No deje de buscar el equilibrio, en sus tareas y en su vida. Sea íntegro y esto le garantizará buenos resultados.

Línea 5: En este tiempo de supremo orden y balance se encuentra al frente de algún centro o de una escuela formativa o pronto lo estará. Existe el riesgo de que quiera regalarse con todo tipo de celebraciones y manifestaciones liberales autoindulgentes. Esta conducta obraría en su contra. Ahora que está en la cima, su proceder debe ser muy equilibrado y sensible. Pase revista a sus tiempos de dificultades e interiorice la lección que surja de ese examen.

Línea Superior: Quizás por una situación que a sus ojos aparece como fortuita —aunque es debido a los méritos acumulados— o por un incidente lateral, el peligro fue superado. Para evitar recaer en él, debe moverse, actuar, mantenerse supremamente atento, de otro modo inevitablemente volverá a presentarse.

LXIV
WEI CHI
ANTES DE LA CONSUMACIÓN

El Kua

Las líneas del hexagrama están cada una de ellas en una posición crítica, pero desde el punto de vista del conjunto mantienen un delicado balance entre sí, como diseño o construcción de fuerzas colectivas. En el campo de las actividades productivas falta un empuje adicional, una revisión, un examen y reajuste más para que queden en condiciones de atravesar el umbral de los ciclos completos del tiempo, dando lugar a un vuelco o reformulación de cada una de las estrategias. A las vísperas de un salto considerablemente expansivo, al final de la rueda de las transformaciones, uno debería observar una actitud prudente y minuciosa, no dejarse arrastrar por arrebatos ni dando por sentado que las cosas tal cual están, ya alcanzaron su contextura última. Por el contrario, se encomia una necesaria abstracción o retiro temporario, una revisión y examen al detalle de los trabajos y por sobre todo de la vida del trabajador, a fin de que uno y otro aspecto se ensamblen ricamente, creativamente, y den paso a una previsible fluctuación y convergencia hacia el área de los cambios. A este respecto lo nuevo es también lo primero, lo fresco, lo original, de modo que preparándose para semejante encuadre de la vida, uno debería contemplar con ojos también nuevos y frescos su propio trabajo y todo lo comprendido en la forma de vida que está llevando adelante.

Para muchos pensadores antiguos, en este período solo nos queda el ser contemplativos, expectantes y pacientes, y no forzar los acontecimientos ni promover cambios drásticos que terminen por desordenar aún más esta suerte de desorden creativo que, como antes se expresara, sin embargo funciona por la sinergia de las fuerzas representadas por cada una y por todas las líneas. Este cuadro nos habla de la reacción de la naturaleza y de nuestro equipo psicofísico ante la inminente nueva prefiguración de las cosas. De modo que una actitud disciplinada pero no excesivamente rigurosa -todo en la justa medida–, actuará como un poder conducente a los necesarios ajustes y transformaciones que ya alborean en el horizonte y que acaso los colegas de su especialidad más inspirados perciben en su vida interior, en sus sueños y en la calidad diferencial de sus vínculos.

Volver a estudiar, programar un nuevo curso de acción futura no está necesariamente mal, pero han de honrarse todos los compromisos y ha de favorecerse que los lazos que ya existen no se vean afectados debido a que obramos de una forma precipitada y temeraria. Saber que llega la transición fundamental, capital, a nuestra vida operativa, ya constituye un privilegio. Lo que importa, en consecuencia, es predisponerse adecuadamente, conscientemente, para acompañar participativamente el nuevo reflujo de la acción, una vez que la corriente de la vida lo desplace hacia nosotros. Respetabilidad, prudencia, sobriedad y por sobre todo atenta expectación, son instrumentos eficaces para apercibirse a tiempo y adaptarse con naturalidad a la nueva dispensación que se aproxima.

Las líneas

Línea de base: Existe un desorden que querría intervenir y recomponer cuanto antes, no obstante esta no es la instancia adecuada para emprender los ajustes y reparaciones debidos. Ahora lo que corresponde es serenarse, aquietar la mente, no forzar sus trabajos y aguardar a que se presenten circunstancias más venturosas. Si hace el intento de avanzar en estos momentos, terminará en un ruidoso fracaso.

Línea 2: Aunque está en buenas condiciones vitales y posee los medios para hacerlo, intentar reordenar la situación en estos momentos no le dará buenos resultados. Aprenda a esperar el tiempo propicio y a detectar las señales que lo prefiguran y presagian. Cultívese, mejore su condición integral, examine la calidad de sus vínculos profesionales y cuando llegue el tiempo preciso, estará en condiciones inmejorables de avanzar.

Línea 3: Percibe una cierta posibilidad de emprender la transición requerida en principio actuando con agresividad contra quienes impidieran su marcha, pero carece de mando y de ascendiente. No intente nada o atraerá el infortunio. Busque colegas y asistentes capaces de respaldarlo en los cambios que tarde o temprano deberá producir. Esta forma de organizarse en grupo transformará el caos en un nuevo orden superador.

Línea 4: Este es el tiempo exacto para ordenar el actual estado de cosas, sus trabajos, sus conexiones profesionales, su forma de promocionarse. Cuenta con los medios y la fortaleza necesarios, además del respaldo de sus mentores y clientes y de las personas que dependen de usted. Tenga en cuenta que la transformación tomará mucho tiempo y no pocas dificultades. Usted tiene la fuerza y al entereza necesarias para enfrentar y superar este gran desafío. Si es perseverante en la acción justa y ennoblece al máximo sus habilidades, recibirá reconocimientos y pagos, eventualmente muy buena fortuna. Abundantes gratificaciones que perdurarán por un buen tiempo, mayor incluso al que usted pudiera prever.

Línea 5: Es el tiempo exacto para dar lugar al ordenamiento y a los cambios por los que ha estado esperando tanto tiempo. Todas las cosas ocupan su lugar y esto ayuda en gran medida a que obtenga el éxito. Cuenta con calidades y virtudes apreciables para que ello ocurra. Aplique su ascendiente entre colegas, mentores y el público, para que el reordenamiento llegue a su clímax exitoso. Su luz será la brújula que todos emplearán en la búsqueda de realización profesional. Siendo íntegro y recto, el éxito estará a esa altura, a gran altura. Excelente fortuna.

Línea Superior: Casi ha concluido con los cambios que se había propuesto. Se encuentra próximo al umbral del éxito. Esto hace que desee dar riendas sueltas a su alegría. Sin incurrir en excesos, todo marchará bien. Téngalo presente.

*Este ensayo se terminó de componer en la
Biblioteca de la Tradición Hermética
en el día 24 de junio de 2024,*
DÍA DE SAN JUAN.